A COMER SE APRENDE

A COMER SE APRENDE

alimentación sana para tu día a día

Álvaro Vargas

Planeta

SUMARIO

cocinados y conservación

04. BUENOS Y MALOS HABITOS

05. 20 ALIMENTOS IMPRESCINDIBLES

06. RECETAS

CÓMO APRENDÍ A COMER

Hace algo más de cinco años decidí coger las riendas de mi alimentación. Hasta ese momento era un completo desastre: comía cualquier cosa cargada de azúcar; me sobrealimentaba; iba al supermercado sin ningún tipo de planificación, simplemente llenaba el carro según lo que me apetecía ese día y lo de mirar las etiquetas, ¿para qué? Desde hacía mucho tiempo sabía que tenía que frenar, que mi organismo me lo estaba pidiendo.

El cambio definitivo llegó cuando entró Ron en mi vida, un perrete que me puso las pilas en muchos ámbitos, ¡y de qué manera! Por primera vez, tenía una responsabilidad realmente importante. Debía acostumbrarme a los tres paseos diarios, tener el dinero suficiente para alimentarlo, cuidarlo, mimarlo, no me podía permitir llevar el descontrol que hasta ese momento reinaba en mi trabajo, en mi casa, en mi forma de vida y, por supuesto, en mi alimentación.

Ya que me ponía en serio, decidí terminar con algo que de forma casi diaria me hacía sentir mal: el tema de seguir comiendo y vistiendo animales. ¡Y di el paso al veganismo! Comencé a informarme para que no me faltara ningún nutriente esencial y descubrí que la nutrición era algo que me despertaba mucha curiosidad, que cada aspecto nuevo que investigaba me parecía interesante, me apasionaba y quería saber más. Así que me volqué de lleno en formarme en naturopatía, dietética y *coaching* personal, enfocando mis conocimientos en ayudar a otras personas que estuvieran en mi misma situación, para que vieran que no era un paso tan complicado, que solamente hay que tener algunas cosas claras, que las explicaré en este libro.

Sin duda, el cambio en mi forma de comer, de relacionarme con los alimentos, dio un vuelco muy potente a mi vida. Actualmente, me encuentro lleno de energía, con una vitalidad que no había experimentado antes, con una lucidez que me ha permitido poner en marcha nuevos proyectos. He mejorado muchísimo mi situación laboral y económica, me encuentro más joven que nunca, como si estuviera empezando cada día con ilusión, con baches, como todos, pero mirándolos desde otro punto de vista. Ahora tengo unas inmensas ganas de disfrutar, de llenar mi vida de experiencias, y he dicho adiós a la pereza, al «ya lo haré mañana» y a muchísimas dolencias, como catarros recurrentes y molestias intestinales, y mis alergias prácticamente han desaparecido.

Espero que con el cambio de alimentación que te propongo en este libro tú también lo consigas. Este es mi mayor deseo.

Cada día nos encontramos con una avalancha de información sobre nutrición en redes sociales, prensa, televisión, radio..., de estudios contradictorios, de aquello de no saber a quién hacer caso, qué comer, por dónde tirar. Con este libro pretendo simplificarte la tarea de escoger alimentos, darte las herramientas precisas para optar por lo más saludable entre la inmensa oferta que hay, apostando por una alimentación lo más natural y sencilla posible. Comprobarás que para comer bien no hay que optar por alimentos raros o caros, ni pasarse horas cocinando, pero, eso sí, debes dar un paso firme, comprometerte contigo mismo y ser consciente de lo que comes.

Para empezar, tienes que conocer tu sistema digestivo: cómo funciona el estómago, cómo los intestinos absorben los nutrientes, la importancia de las heces. Además, he incluido un breve, pero completo, repaso de los principales nutrientes (proteínas, hidratos, grasas, vitaminas y minerales) para que sepas diferenciarlos de una forma muy sencilla.

También he pensado en cómo debes enfrentarte a tu lista de la compra; para ello, he incluido 48 consejos prácticos, muy útiles a la hora de diferenciar aquellos alimentos que resultan beneficiosos para tu organismo de aquellos que no le hacen ningún bien. Verás que no son complicados de seguir, sino todo lo contrario; he querido que queden muy claros para que no te líes, para que comer bien no sea un laberinto, sino un agradable paseo.

He querido destacar 20 alimentos que deberían estar de forma muy presente en tu día a día; los he seleccionado por su alto valor nutricional, para que los tengas en cuenta, aunque lo ideal será centrarte en tu alimentación en su conjunto, no en alimentos concretos. He recogido algunos hábitos saludables, los que a mí más me han servido, como la meditación, y aquellos hábitos que deberíamos desterrar porque afectan de forma negativa al proceso de digestión y a la correcta absorción de nutrientes; en definitiva, a tu salud. Le he querido dar relevancia también a la forma de tratar y cocinar los alimentos para sacarles el mayor rendimiento nutricional.

Una vez que lo hayas leído todo, que hayas interiorizado lo más importante para llevar una dieta saludable, te animo a ponerla en práctica a través de un plan completo de alimentación durante 28 días con todas las recetas a tu disposición, recetas que todos podemos hacer, que no tienen ninguna complicación, que te llevarán poco tiempo. ¡Lo sano no debe ser complicado!

Espero que disfrutes de este libro tanto como lo he hecho yo escribiéndolo. Estoy convencido de que, llevando una alimentación saludable como la que te propongo, experimentarás enormes cambios positivos en tu organismo, en tu salud, en tu vida.

01.

el PROCESO DIGESTIVO

en la DIGESTIÓN está LA CLAVE

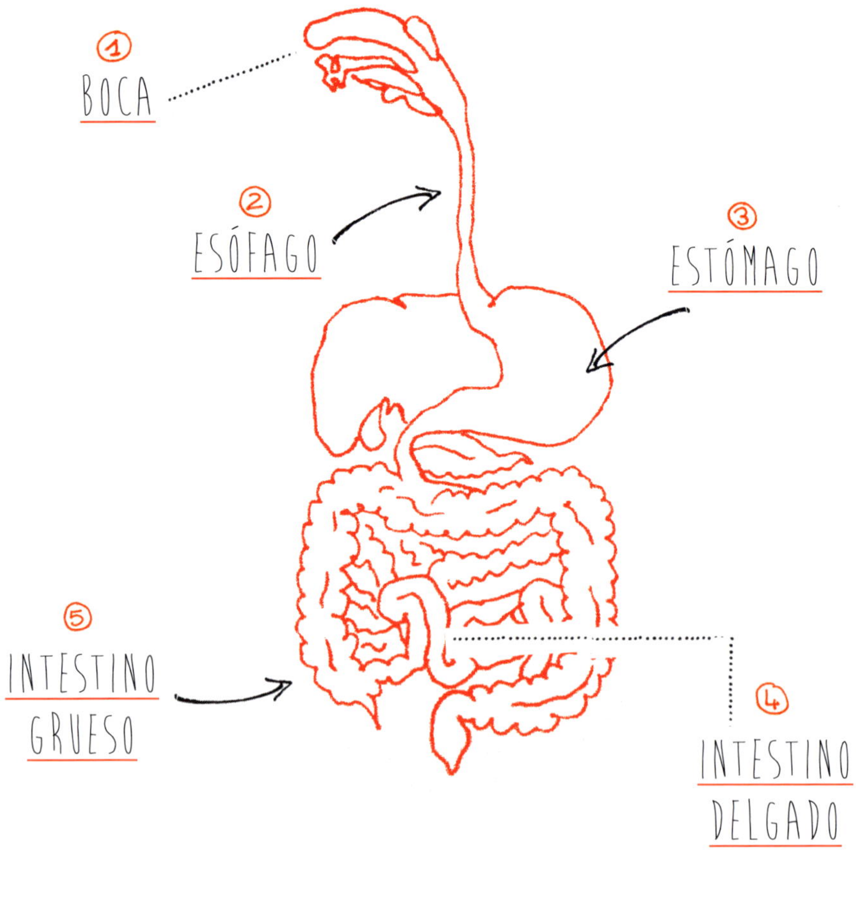

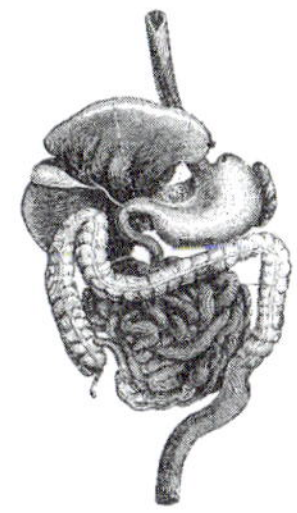

¿QUÉ ES LA DIGESTIÓN?

La digestión es el proceso mediante el cual se transforman los alimentos ingeridos en sustancias que puedan ser asimiladas por nuestro organismo. Cuando comemos, tomamos porciones de alimentos más o menos grandes, depende de las veces que los hayamos masticado, pues necesitamos que nuestro sistema digestivo los convierta en trocitos mucho más pequeños para que puedan ser absorbidos para atravesar las paredes de los intestinos, pasar a la sangre y cumplir sus múltiples funciones.

① LA BOCA

La masticación es la primera fase de la digestión y una de las más importantes, ya que determinará el resto del proceso. El funcionamiento lo conocemos todos: trituramos los alimentos en la boca con los dientes para crear lo que se conoce como el bolo alimenticio, que pasará al estómago a través del esófago. En la boca, comienza la digestión, especialmente de los hidratos de carbono, gracias a la enzima amilasa; también la saliva cumple una importante función antibacteriana por si se ha colado algún "bichito"que nos pueda fastidiar, neutralizándolo.

La importancia de la masticación

Es cierto que los hábitos actuales como las prisas, la comida rápida y, sobre todo, comer mientras trabajamos, vemos la televisión, miramos el móvil, consultamos el ordenador… no favorecen que le dediquemos el tiempo suficiente a este proceso, pero es fundamental por muchas razones: **1** Tener una digestión sin complicaciones. **2** La saliva ayuda a que si quedan restos de comida en los dientes no se produzcan caries. **3** Una buena masticación llena de oxígeno nuestros órganos y relaja nuestro sistema nervioso, algo fundamental mientras comemos. **4** Evitaremos comer más de la cuenta, ya que si hacemos una comida pausada nos saciaremos antes. **5** Y algo que, aunque parezca insignificante, nos reporta interesantes beneficios emocionales: saborear gustosamente los alimentos.

② EL ESÓFAGO

Una vez que tragamos los alimentos, el bolo alimenticio pasa a nuestro esófago, un tubo de alrededor de 2 centímetros de diámetro que conecta la boca con el estómago; este trayecto se realiza en unos 8 o 10 segundos.

③ EL ESTÓMAGO

El estómago es una bolsa con una gran capacidad de almacenaje, bastante flexible. Se puede dilatar muchísimo para dar cabida a todo lo que hemos comido, de ahí que tengamos que controlarnos de forma consciente a la hora de comer porque, aunque tiene un límite, dicha capacidad de nuestro estómago es mucho mayor de lo que nos podemos imaginar.

Cuando recibe los alimentos, acelera sus movimientos "jugando" a revolcarlos una y otra vez durante unas dos horas. Sin duda, es un órgano muy juguetón, no para hasta que consigue reducir los alimentos a un tamaño de unos pocos milímetros con la ayuda de los jugos gástricos. Después de este proceso, el bolo alimenticio toma el nombre de *quimo*, que pasará a otra especie de compuerta llamada *píloro*, que da acceso al intestino delgado. Y es en el intestino donde se producirá la verdadera digestión, la asimilación de los nutrientes contenidos en lo que hemos ingerido.

Reflujo gastroesofágico

Al final del esófago se encuentra el esfínter gastroesofágico inferior o cardias; es una especie de puertecita que impide que una vez que los alimentos llegan al estómago retrocedan. En muchas ocasiones esta barrera se encuentra excesivamente relajada y da lugar al molesto reflujo gástrico. Algunos trucos para evitarlo: **1** Realizar comidas frecuentes y en pocas cantidades. **2** Evitar las comidas copiosas. **3** Reducir la ingesta de café. **4** Evitar la ingesta de bebidas gaseosas. **5** No condimentar demasiado las comidas. **6** Eliminar el tabaco. **7** No tumbarnos nada más comer.

4

EL INTESTINO DELGADO

El intestino delgado, con una media de 5-7 metros en una persona adulta, se suma al "juego de los revolcones", a remover de nuevo una y otra vez los alimentos para seguir desmenuzándolos y mezclándolos con la bilis y las enzimas aportadas por el páncreas, entre otros. Ahora sí ha llegado el momento en que esta especie de puré empieza a ser absorbido por las paredes del intestino; la mayoría de los nutrientes se encaminan hacia el hígado a través de la sangre, y llegan allí para que esta sangre sea depurada, limpiada y conducida al corazón (imaginad la importancia de un hígado sano). Desde ahí, será bombeada a todo el sistema circulatorio y, por lo tanto, a todos los órganos para que los nutrientes sean aprovechados y realicen sus funciones. Las grasas, antes de llegar al torrente sanguíneo, pasarán por el sistema linfático.

Creo que en este punto os podéis hacer una idea de que todo lo que comemos acaba en nuestra sangre y afecta a todos nuestros órganos; de ahí lo relevante de dedicarle el tiempo necesario a nuestra alimentación.

⑤ EL INTESTINO GRUESO

Durante el proceso digestivo siempre quedan restos que no se han absorbido en el intestino delgado, como alimentos que el estómago no ha podido triturar (por ejemplo, muchas semillas de cáscara dura) o la fibra, cuya principal característica es que no es digerible por nuestro organismo, pero sí útil para otras muchas actividades, y también restos de medicamentos.

Al intestino grueso, con una longitud media de 1,5 metros, llegan todas estas sustancias. Al contrario que el intestino delgado, que es incesante en su trabajo, muy rápido y está en constante movimiento, el grueso es mucho más relajado, mucho más lento, más perezoso; si fuera muy activo tendríamos que estar constantemente en el baño y sería un verdadero incordio. Tanto es así que desde la ingesta hasta que defecamos lo ingerido pueden pasar hasta 30 horas; por ello, en casos de diarrea, estreñimiento o problemas intestinales en general debemos fijarnos no solamente en lo que acabamos de comer, sino en lo que hemos comido desde ayer.

La misión del intestino grueso es hacer avanzar los nutrientes no digeridos hasta su expulsión en forma de heces. Durante este proceso se pueden absorber todavía algunos nutrientes, como determinadas vitaminas, gracias a la acción de la flora intestinal, también conocida como *microbiota*.

La importancia de la caca

La última fase del proceso es defecar, ir al baño, hacer caca..., como queráis llamarlo. De nuevo, al contrario de lo que se piensa, las heces no son por completo restos de comida, sino que están compuestas por un 75 % de agua para darles consistencia y que sean expulsadas de forma «más amable», y un 25 % está compuesto por bacterias de la flora intestinal, alimentos no digeridos (fibra casi en su totalidad) y un tercio de otros elementos, como restos de medicamentos, colesterol, colorantes...

Observar nuestra caca nos puede dar pistas de nuestro estado de salud. La consistencia recomendable es similar a la de la pasta de dientes y el color, un marrón claro tirando a amarillento. No debemos aguantarnos las ganas de ir al baño de manera repetida porque la consecuencia más habitual será el estreñimiento. Cuanto más tiempo pasan las heces en contacto con el intestino, más agua pierden, más se endurecen y más difícil será expulsarlas, pudiéndose convertir el estreñimiento en crónico.

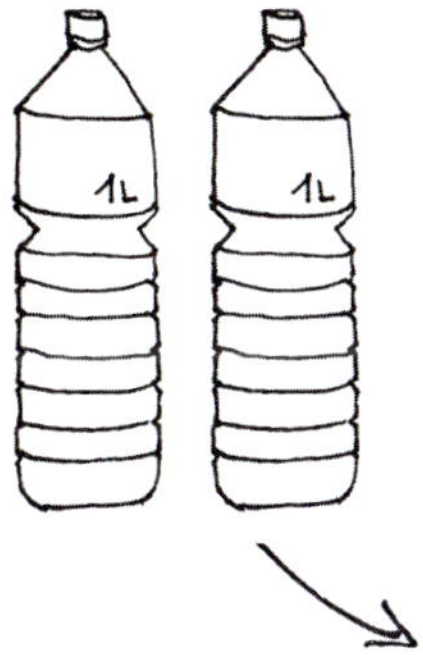

Prevenir el estreñimiento

Aquí tenéis algunos consejos para prevenirlo: **1** Aportar la fibra suficiente en nuestra alimentación gracias al consumo de verduras, frutas, semillas, aceite de oliva, frutos secos, legumbres y cereales integrales. La fibra es la mejor aliada para un buen tránsito intestinal. **2** Consumir 2 litros de agua al día, ya que permite la lubricación de las heces y que su expulsión sea «más amable». **3** El ejercicio físico también ayuda a nuestros intestinos a estar en forma. **4** Como hemos visto, no aguantarse las ganas de «hacer caca».

UNA FLORA INTESTINAL SALUDABLE

Esta flora intestinal o microbiota está compuesta por millones de bacterias beneficiosas para nuestro organismo, que se encuentran principalmente en el primer tramo del intestino grueso y que están íntimamente relacionadas con nuestro sistema inmune, lo que nos hará más fuertes ante posibles agentes nocivos, patógenos, y tendremos un ejército de defensas más preparado.

NUESTRA MICROBIOTA

EMPEORAN

azúcar refinado y todos los productos que lo contienen, bebidas gaseosas, alimentos con grasas "trans" [comida rápida, platos precocinados], café y tabaco, y el hábito más nocivo para nuestros intestinos: el estrés.

MEJORAN

chocolate negro, alcachofas, puerros, espárragos, plátanos, legumbres, chucrut (col fermentada), miso (un derivado fermentado de la soja).

02.

los PRINCIPALES NUTRIENTES

HIDRATOS DE CARBONO

De una manera práctica, genérica, podemos diferenciar entre aquellos hidratos simples o malos (como a mí me gusta llamarlos), que deberíamos evitar o reducir en nuestra dieta, y los hidratos completos o buenos, que deberían ser la base fundamental de nuestra alimentación y que tienen que estar presentes todos los días en nuestros platos.

FUNCIONES PRINCIPALES

- fuente imprescindible de energía
- la gasolina de nuestro organismo
- implicados en el funcionamiento de los músculos, las neuronas, los intestinos...
- regulan la temperatura corporal y la presión sanguínea

1. HIDRATOS SIMPLES O MALOS

Llamados "simples" porque presentan muy pocas moléculas en su estructura. Funcionan de una manera sencilla, pero muy estresante para nuestro organismo; por ello, deberían ser reducidos o suprimidos de nuestra alimentación. Cuando ingerimos carbohidratos simples lo que se produce en nuestro organismo es una hiperglucemia; es decir, que los niveles de azúcar en sangre suben de forma repentina y muy rápida, desconcertando a nuestro cerebro, que lo que hace es enviar una orden clara a nuestro páncreas para que emita más insulina (encargada de controlar los niveles de azúcar en sangre). Al expulsar esa gran cantidad de insulina, nos vamos al otro extremo: de la hiperglucemia inicial pasamos a una hipoglucemia (bajada del azúcar en la sangre) debido a las altas cantidades de insulina liberada. Esto explica que tengamos ganas de comer algo dulce después de una comida rica en hidratos de carbono simples, ya que necesitaremos ingerir azúcar para restablecer los niveles normales de glucosa en sangre después del bajón de azúcar provocado por el exceso de insulina. Entonces, se entra en un bucle algo peligroso.

¿Cuáles son?

El azúcar blanco y todos los productos que lo contienen, que son decenas y decenas. Las harinas refinadas y los alimentos elaborados con ellas: todo tipo de bollería industrial (incluyendo galletas), pasta no integral (espaguetis, macarrones, espirales...), masa de pizza, etc. La fruta también contiene altas dosis de azúcares simples, pero gracias a su fibra se absorben lentamente si la tomamos entera, no en zumos. Y de la miel, hasta un 82 % de su composición son azúcares simples.

1 - harinas refinadas
2 - miel
3 - bollería industrial
4 - azúcar blanco
5 - cacao soluble
6 - postres azucarados
7 - refrescos
8 - cereales de desayuno
9 - pasta blanca

arroz integral - 1
quinoa - 2
mijo - 3
trigo sarraceno - 4
centeno - 5
legumbres - 6
semillas - 7
pasta integral - 8
frutos secos - 9

2. HIDRATOS COMPLEJOS O BUENOS

Los carbohidratos complejos se diferencian principalmente de los carbohidratos simples en que su energía se libera lentamente en nuestro organismo; por lo tanto, no se produce ese ciclo de hiperglucemia y posterior hipoglucemia. Con este tipo de hidratos, tendremos una mejor fuente de energía durante horas, las posibilidades de que se almacenen como grasa disminuyen, y no son calorías vacías, ya que nos aportan buenísimas cantidades de minerales fundamentales para la salud. Por todo esto, son los hidratos de carbono saludables los que deberían formar la base de nuestra pirámide alimenticia, la fuente principal de nuestra alimentación diaria.

¿Cuáles son?

Principalmente los granos/cereales integrales, aquellos que no han sido desprovistos ni de su germen ni de su cáscara, donde se almacena la inmensa mayoría de sus beneficios. Entre los más destacados encontramos el arroz integral, la quinoa, el mijo, el trigo sarraceno, el maíz, la espelta, el centeno, la avena y el amaranto. También las legumbres, las semillas y los frutos secos.

LA IMPORTANCIA DE LA FIBRA

Dentro de los hidratos de carbono encontramos la fibra, que sería la parte comestible de las plantas que ni el estómago ni el intestino delgado son capaces de digerir y que llega intacta al intestino grueso. La fibra alimentaria se encuentra única y exclusivamente en alimentos de origen vegetal y aparece en todos los vegetales.

El índice glucémico, ¿qué es?

Es la medición que indica la rapidez con la que los alimentos elevan los niveles de azúcar en sangre. A mayor número de índice glucémico más rápido se produce la hiperglucemia y más complicaciones puede traer para nuestro organismo. En la tabla siguiente se muestran los alimentos y su índice glucémico; no se han incluido productos procesados, que serían los que tienen los índices más elevados.

Alimentos más ricos en fibra

GRANOS: cereales, legumbres: avena, arroz integral, panes integrales, germen de trigo, pasta integral, judías, garbanzos, lentejas, semillas, almendras, nueces, etc.

VERDURAS: brócoli, col, coliflor, alcachofas, judías verdes, espárragos, calabaza, acelga, espinacas, lechuga, etc.

FRUTA: ciruela, manzana, plátano, higos, pera, melocotón, bayas, fresas, etc.

Para qué sirve la fibra

1 Dar consistencia a las heces absorbiendo el exceso de agua que llega al intestino. **2** Favorecer el tránsito intestinal previniendo el estreñimiento. **3** ayudar a reducir el exceso de colesterol y a regular los niveles de azúcar en sangre. **4** prevenir el cáncer de colon y recto. **5** aportar un efecto saciante. **6** fortalecer la flora intestinal. Necesidad: alrededor de 25 g al día

ÍNDICES GLUCOCÉMICOS

ALTO	MEDIO	BAJO
- jarabe de maíz 115	- arroz integral 50	- leche de almendras 30
- glucosa 100	- kiwi 50	- legumbres 30
- miel 85	- zumo de manzana 50	- frutos rojos 25
- patatas al horno 95	- mango 50	- berenjena 20
- pan blanco 90	- pasta de trigo integral 50	- alcachofa 20
- harina blanca 85	- uvas 45	- almendras, nueces 15
- zanahoria cocida 85	- plátano 45	- lechuga 15
- puré de patatas 80	- piña 45	- calabacín 15
- calabaza cocida 70	- trigo sarraceno 40	- espinacas 15
- arroz blanco 70	- avena 40	- setas 15
- patatas cocidas 70	- pan 100 % integral 40	- aguacate 10

LAS GRASAS

Desde hace años se han popularizado las dietas bajas en grasas; nos hemos encontrado con auténticas barbaridades que recomiendan el consumo cero de grasas, y que priman más la obsesión por contar calorías que los nutrientes. Las grasas (o *lípidos*) son imprescindibles para nuestra salud. Pero tenemos que saber cuántas consumir y cuáles son las más beneficiosas.

FUNCIONES PRINCIPALES

- imprescindibles para la vida., forman parte de las membranas celulares.
- funcionan como depósitos de energía para momentos de necesidad.
- sirven de aislante térmico, como si fueran un abrigo debajo de la piel.
- la grasa "visceral" es aquella que cubre ligeramente algunos órganos, generalmente los más importantes. Cuando este tipo de grasa tiene unos niveles altos, "ahoga" a esos órganos.
- imprescindibles para el aprovechamiento de algunas vitaminas. Se encargan del transporte de las vitaminas liposolubles (A, D, E, K) para que lleguen a su destino y cumplan sus funciones.

GRASAS SATURADAS

Son las que se encuentran principalmente en los alimentos de origen animal (carne, huevos, lácteos, mantequillas; el queso es el alimento natural más rico en grasas saturadas). Según la Organización Mundial de la Salud (OMS), podemos estar completamente sanos ingiriendo un 0 % de este tipo de grasas. Esta cifra es prácticamente imposible de alcanzar con el tipo de vida actual, pero nunca deberíamos sobrepasar el 7-8 %. La Asociación Americana del Corazón advierte que superar el 10 % diario sería un gran riesgo, ya que podríamos tener problemas de colesterol y triglicéridos, lo que desemboca en dolencias cardiovasculares, sobrecarga de trabajo en el hígado, como ya hemos visto, y se pueden producir graves desarreglos hormonales. Según el Ministerio de Sanidad español, su ingesta excesiva está relacionada con la obesidad, con tumores como el de colon, mama o vesícula, con trastornos psicológicos y un largo etcétera.

Para resumir

1 Podemos estar completamente sanos tomando un 0 % de grasas saturadas. **2** Se encuentran en alimentos de origen animal, especialmente si han sido procesados. **3** No deberían sobrepasar el 7-8 % de nuestra dieta, es decir, de las calorías ingeridas. **4** Su ingesta excesiva está relacionada con la obesidad y el aumento del riesgo de varios tipos de cáncer.

GRASAS INSATURADAS

Proceden en su mayoría de alimentos vegetales. Son las llamadas "grasas buenas", pero, a pesar de esto, debemos también moderar su consumo debido al gran aporte energético que suponen. Deberían representar el 20-30 % de las calorías de nuestra dieta, dependiendo del ejercicio físico que realicemos. Dentro de este tipo de grasas encontramos las **grasas monoinsaturadas**, como el aceite de oliva (siempre mejor virgen extra de primera presión en frío), los frutos secos y sus aceites (almendras, nueces, avellanas...) o el aguacate. Y las **grasas poliinsaturadas**, que se dividen en omega-3 y omega-6, conocidos como ácidos grasos esenciales. Son importantísimos, ya que el organismo no es capaz de sintetizarlos por sí mismo, a diferencia de las grasas monoinsaturadas, y debemos ingerirlos por los alimentos (de nuevo el aceite de oliva, las nueces, las semillas de girasol, el sésamo, el lino, el aceite de sésamo, el aceite de lino, el germen de trigo). Los lípidos insaturados ayudan a reducir el colesterol "malo", y a aumentar el "bueno"; fundamentales para las células cerebrales, necesarias durante el embarazo y la lactancia, ayudan, como hemos visto, a mejorar la absorción de las vitaminas A, D, E y K.

Para resumir

1 Proceden en su mayoría de alimentos de origen vegetal. **2** Una de las mejores fuentes es el aceite de oliva, también los aceites de semillas. **3** Deberían suponer el 20-30 % de la ingesta de calorías diaria. **4** Ayudan a controlar el colesterol, elevando el «bueno» y reduciendo el «malo».

GRASAS TRANS

Se obtienen de la transformación de aceites líquidos en grasas sólidas tras un proceso de hidrogenación o sometimiento a altas temperaturas. Son utilizadas por la industria alimentaria porque son más estables, se conservan mejor, no se enrancian tan fácilmente, aportan mucho sabor a las comidas... Las encontramos en la bollería industrial, las patatas fritas, las margarinas, los fritos industriales y en infinidad de productos procesados. Son muy peligrosas para la salud cardiovascular, incrementan el riesgo de diabetes, se asocian a varios tipos de cáncer y de nuevo saturan el hígado. Las debemos evitar por completo.

Para resumir

1 En una alimentación saludable no caben las grasas trans. **2** Son especialmente llamativas para los niños, ya que aportan mucho sabor a las comidas. **3** Las grasas trans suponen un auténtico riesgo para nuestro corazón.

LAS PROTEÍNAS

Aun siendo completamente necesarias, vivimos una locura con las proteínas, debido al auge de los gimnasios con dietas hiperproteicas. Una regla general para saber cuántas proteínas necesitamos es multiplicar nuestro peso por 0,8: si pesas 70 kilos x 0,8 = necesitas 56 gramos de proteínas al día (según la OMS).

Problemas con el exceso de proteínas

Los europeos duplicamos el consumo de proteínas recomendadas, sobre todo por la gran ingesta de carne y por la moda de las dietas hiperproteicas. Entre los principales problemas que presenta el exceso de proteínas en nuestra alimentación están: 1 El exceso de proteínas se elimina a través del riñón y, por lo tanto, estaremos sobrecargándolo de trabajo. 2 Conlleva una pérdida de calcio por la orina, lo que puede derivar en osteoporosis en el futuro. 3 Se producirá un exceso de ácido úrico, que también sobrecarga el hígado.

Proteínas completas versus incompletas

Nuestro cuerpo necesita la unión de 20 aminoácidos para fabricar proteínas; 12 los puede fabricar por su cuenta, pero hay 8, los aminoácidos esenciales, que los tenemos que obtener a través de la alimentación. Cuando un alimento contiene estos 8, se dice que tiene proteínas completas y si le falta alguno es una proteína incompleta.

FUNCIONES PRINCIPALES

- forman parte de las estructuras de los músculos, tendones, piel, uñas... Y ayudan a reparar estos tejidos.
- algunas hormonas son de origen proteico, como la hormona del crecimiento y la insulina.
- tienen una relevante función inmunológica y ayudan a controlar el pH sanguíneo.
- se encargan de transportar oxígeno a todo el organismo.

No solo son útiles las proteínas de los alimentos que las presentan completas. Podemos combinar alimentos que tengan unos aminoácidos esenciales con otros que los tengan de otro tipo y nuestro organismo se encargará de aprovechar esos aminoácidos igual que si fueran completos.

Las **proteínas animales** se encuentran en buenas proporciones y completas en carnes, pescados, huevos y lácteos.

Las **proteínas vegetales** no presentan los 8 aminoácidos esenciales, pero podemos completarlas unas con otras para obtener proteínas completas. Las combinaciones más recomendables son: legumbres + cereales y legumbres + semillas (aproximadamente 30-35 % de legumbres y 65-70 % de cereales). No es necesario que se haga en un mismo plato; puede ser al mediodía legumbres y por la noche algún cereal integral. También hay alimentos vegetales con proteínas 100 % completas: soja y sus derivados, tofu, tempeh, miso y quinoa.

LAS VITAMINAS

La mayoría de las vitaminas no pueden ser elaboradas por nuestro organismo, las tenemos que obtener a través de los alimentos. Nuestro organismo realiza multitud de funciones satisfactoriamente gracias a ellas; las iremos viendo una a una.

VITAMINAS LIPOSOLUBLES

Se disuelven en grasas y aceites, y se almacenan en los tejidos y en las grasas.

A

Funciones: ayuda a mantener la salud de nuestros ojos; mejora la visión nocturna; cuida nuestra piel; ayuda en la formación de tejidos, mucosas, huesos, dientes, piel, y también en la reparación de las células dañadas por el paso del tiempo. Fortalece nuestro sistema inmune.

Fuentes: zanahoria, calabaza, espinacas, brócoli, perejil, acelgas, cerezas, melón, albaricoques, papaya, pomelo... En la parte de origen animal: lácteos, huevo y pescado azul.

D

Funciones: su principal función es ayudar a una buena salud de nuestros huesos para que nuestro calcio se asimile mucho mejor, se fije a la estructura ósea. También los músculos la necesitan para moverse y fortalece el sistema inmunitario.

Fuentes: hongos, setas, champiñones (en menor medida) y pescados grasos (salmón, atún, caballa...). Pero, sin duda, la mejor fuente es el sol: 10-15 minutos al día serían suficientes, siempre que nos dé al menos en la cara y los brazos.

E

Funciones: actúa como un antioxidante, protegiendo nuestras células de los radicales libres. Ayuda a nuestro sistema inmune, refuerza nuestras defensas. Colabora en evitar que se produzcan coágulos de sangre, favorece la formación de colesterol bueno. Contribuye a la salud de nuestra piel, pelo y uñas. Y es un elemento fundamental para nuestras células, ya que gracias a esta vitamina se pueden comunicar entre sí.

Fuentes: los aceites vegetales son la mejor fuente de esta vitamina, especialmente (por orden de mayor a menor aporte): el aceite de germen de trigo, el de sésamo, el de girasol, el de soja y el de oliva. También los frutos secos (almendras, avellanas) las semillas de lino y de girasol, los aguacates y los frutos rojos.

K

Funciones: es necesaria para la coagulación sanguínea, eficaz contra las hemorragias. Ayuda a tener unos huesos más fuertes. En organismos saludables, los intestinos son capaces de fabricarla por sí mismos, por ello es una de las vitaminas menos conocidas.
Fuentes: col, coliflor, espinacas y, en general, las verduras de hoja verde. También los cereales integrales y los aceites vegetales.

VITAMINAS HIDROSOLUBLES

Son aquellas que se disuelven en agua. No tienen la capacidad de almacenarse en nuestro organismo, por lo tanto, se deben ingerir a diario. Hay una excepción, la vitamina B_{12}, que sí lo hace.

B1 (Tiamina)

Funciones: necesaria para metabolizar los hidratos de carbono y las grasas, fundamental para producir energía y afrontar las actividades del día a día. Es imprescindible para el correcto funcionamiento del sistema nervioso, del corazón y del estómago.
Fuentes: semillas de sésamo, de girasol y de calabaza, pistachos, germen de trigo, judías blancas, lentejas, piñones, especias como el cilantro, el pimentón, el tomillo, el romero, etc.

B2 (Riboflavina)

Funciones: necesaria para la salud de la córnea y la visión en general, la piel y las mucosas. Está íntimamente relacionada con el consumo de calorías: a más calorías ingeridas más riboflavina necesitaremos. Una de sus funciones más beneficiosas es ayudar al organismo a eliminar sustancias nocivas, tóxicos, también es necesaria para producir energía.
Fuentes: cereales integrales, levadura de cerveza, almendras, germen de trigo, semillas de sésamo, espinacas, tomates secos, pimentón, menta, perejil, uvas. En alimentos de origen animal: huevos, leche y carne.

B3 (Niacina)

Funciones: esta vitamina participa en la asimilación de los hidratos, las grasas y las proteínas; fundamental en la etapa de crecimiento. Regula nuestro sistema nervioso. Colabora para mantener una piel sana, especialmente evitando la aparición de acné. Estabiliza la glucosa en sangre, repara el ADN, ayuda a mantener un sistema circulatorio sano.
Fuentes: cereales integrales, legumbres, nueces, verduras de hoja verde, tomates, zanahorias, setas, espárragos, plátano, brócoli, coliflor...

B5 (Ácido pantoténico)

Funciones: metaboliza los carbohidratos, las proteínas y las grasas, y es fundamental para la producción de hormonas como la insulina y la adrenalina. Beneficiosa para la salud de la piel, previene el acné y cuida el cabello.

Fuentes: está presente en prácticamente todos los alimentos tanto vegetales como animales, especialmente en los cereales integrales, las setas, los aguacates, la coliflor, el brócoli y los frutos secos.

B6

Funciones: interviene en la producción de serotonina, que nos ayuda a regular nuestro sistema nervioso en casos de depresión, decaimiento, estrés, insomnio... Colabora en la "fabricación" de dopamina (fundamental para coordinar los movimientos) o adrenalina (hormona que nos pone en alerta en situaciones de peligro). Incrementa el rendimiento muscular, importante para los deportistas; además, es completamente necesaria cuando se sigue una dieta alta en proteínas. Ayuda a absorber la vitamina B_{12}, el magnesio y el hierro. Calma las náuseas y reduce la sequedad en la boca provocada por medicamentos.

Fuentes: cereales integrales (arroz integral, trigo sarraceno, quinoa, mijo, bulgur, cuscús, avena, centeno, espelta...), frutos secos, lentejas, plátano, pistachos, aguacate, verduras en general. Alimentos de origen animal: salmón, atún, y en la carne, aunque en esta última en bajas proporciones.

B8 (Biotina)

Funciones: colabora en el mantenimiento de la temperatura corporal correcta; ayuda al crecimiento de las células de forma saludable; alivia dolores musculares; recomendable contra la depresión y el insomnio, y fortalece uñas y piel.

Fuentes: cereales integrales, frutos secos, germen de trigo y levadura de cerveza, chocolate puro, plátano, uvas, sandía, fresas, aguacate, guisantes... En los alimentos de origen animal: huevos, pescados, leche y carne de pollo.

B9 (Ácido fólico)

Funciones: necesario para la producción y el mantenimiento de las nuevas células, sobre todo durante el embarazo y en la infancia, en época de crecimiento, ya que participa en la formación de glóbulos rojos. Trabaja en colaboración con las vitaminas C y B12 para evitar la anemia.

Fuentes: brócoli, repollo, coliflor, coles, espárragos, remolacha, espinacas (en general las verduras de hoja verde), plátano, naranja, melocotón, aguacate, papaya, tomate y cereales (especialmente el arroz integral).

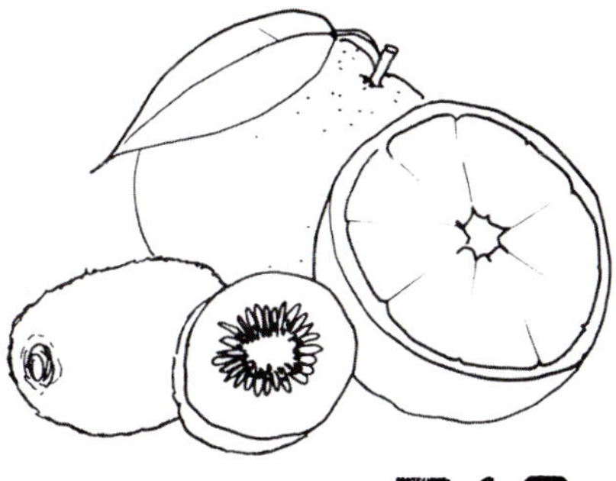

B12

(Cobalamina)

Funciones: necesaria para el correcto funcionamiento de nuestro cerebro, de nuestro sistema nervioso, para la formación de la sangre y de varias proteínas, ahí es nada. Implicada en el funcionamiento de todas las células de nuestro cuerpo, especialmente en las del sistema nervioso, en las del sistema digestivo y las de la médula ósea. Fuentes: no hay ningún alimento de origen vegetal que la contenga de forma fiable. Hay varios estudios que hablan del alga espirulina, del miso, del tempeh... como fuentes de esta vitamina, pero no se absorbe correctamente por el organismo; otros estudios dicen que hay algunas personas cuya flora intestinal (microbiota) la genera de manera espontánea, pero no me fiaría en absoluto, por lo tanto, si se practica una dieta vegana al 100 % se tendrá que tomar un suplemento de vitamina B12. Se encuentra en los alimentos de origen animal, especialmente en la carne.

C

Funciones: ayuda a la absorción del hierro; actúa como un potente antioxidante manteniendo a raya el crecimiento celular, el envejecimiento prematuro de las células. Contribuye a la producción de colágeno, que se encarga de conectar los tejidos, de juntarlos (piel, músculos, ligamentos, huesos...). Colabora en la metabolización de las grasas y la cicatrización de heridas. Fuentes: kiwi, moras, pimiento verde, brócoli, col, naranja, mandarina, pomelo, limón, lima, coliflor, puerro, fresas...

Para resumir

Como se ve, las vitaminas tienen una gran importancia para nuestro organismo, para que funcionemos bien. Afortunadamente, con una dieta variada, rica en cereales integrales, verduras, frutas, frutos secos y semillas, tenemos casi el 100 % cubierto, eso sí, evitando sus mayores enemigos, como el alcohol, el tabaco, el azúcar refinado y, en menor medida, el café.

LOS MINERALES

Se necesitan en pocas cantidades, unos más que otros, pero al igual que las vitaminas son fundamentales para realizar muchas tareas vitales. Nuestro organismo no es capaz de generarlos por sí mismo a partir de otros compuestos, así que los tenemos que obtener a través de los alimentos. Unos veinte son los necesarios para una correcta salud.

CALCIO

Funciones: formación y mantenimiento de los huesos y los dientes; esta tarea la realiza en colaboración con el fósforo y el magnesio. Buen funcionamiento del corazón y de la circulación sanguínea. Coordinación del movimiento de los músculos. Ayuda a liberar hormonas y enzimas que influyen en la mayoría de las funciones del cuerpo.

Fuentes: crucíferas (brócoli, col rizada, repollo...), judías blancas, garbanzos, pistachos, avellanas, almendras, espinacas, espárragos, moras, naranjas... Si se sigue una dieta vegana y se tienen dudas respecto a este mineral, una buena solución es comprar leches vegetales fortificadas con calcio, hay muchísima variedad en el mercado. En la parte de origen animal: lácteos. Para tener buenos niveles de calcio debemos tomar el sol y así tener buenas reservas de vitamina D.

MAGNESIO

Funciones: ayuda a tener unos niveles óptimos de calcio.
Es imprescindible para la síntesis del colágeno, un elemento fundamental para la salud de nuestras arterias, ligamentos, piel, pelo, uñas... Resulta un buen relajante muscular, por eso es conocido como el mineral de los deportistas junto con el potasio.
Es necesario para el correcto latido del corazón, y así evitar las arritmias.
Fuentes: legumbres, granos integrales (especialmente el trigo sarraceno, el amaranto y el mijo), frutos secos, semillas, germen de trigo, cacao puro.

POTASIO

Funciones: involucrado en la salud y correcto funcionamiento de la contracción de nuestros músculos.
Como el calcio, forma parte de nuestros huesos, aunque en menor medida.
Interviene en la transmisión nerviosa.
Y, lo más importante, se encuentra en todas nuestras células.
Fuentes: plátano (el rey del potasio), kiwi, melón, cítricos, ciruelas, albaricoques, cereales integrales, legumbres, frutos secos, pescados azules y la carne.

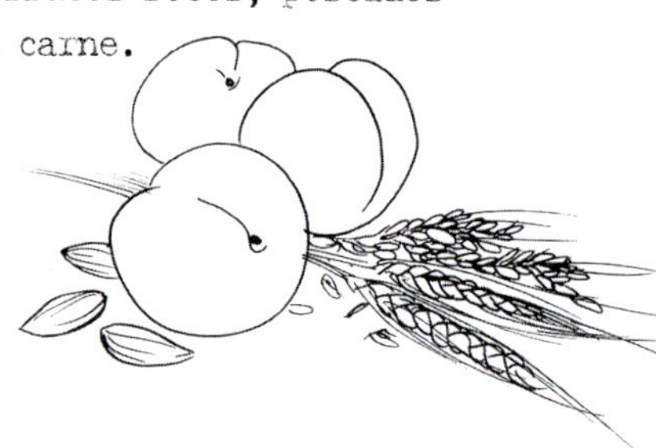

FÓSFORO

Funciones: ayuda a la formación de los huesos y al correcto funcionamiento del cerebro, ya que mejora la memoria y el aprendizaje. Forma parte de las membranas celulares; colabora en la formación de tejido muscular; promueve la actividad enzimática y participa en el equilibro del pH de nuestra sangre. Fuentes: como ocurre con el potasio, casi todos los alimentos habituales lo contienen: cereales integrales, legumbres, frutos secos, semillas, pescado, carne, huevos...

HIERRO

Funciones: formación de los glóbulos rojos y de la hemoglobina, que es la encargada de llevar el oxígeno hasta la sangre; por lo tanto, es fundamental para el crecimiento del cuerpo y más necesario si cabe durante el embarazo. Fuentes: levadura de cerveza, semillas de sésamo, almendras, legumbres (especialmente las lentejas y los garbanzos), semillas de girasol, avena, guisantes, espinacas, quinoa, pescados azules y carne. Para absorber mejor el hierro, debemos consumir también alimentos ricos en vitamina C.

CINC

Funciones: se encuentra en todas las células del cuerpo. Ayuda a nuestras defensas a combatir muchas enfermedades. Es necesario para fabricar proteínas, fundamental en el embarazo y en las etapas de crecimiento. Favorece la cicatrización de las heridas y el buen funcionamiento del gusto y el olfato. Fuentes: cereales integrales (especialmente el arroz), legumbres, frutos secos, semillas en general (sobre todo las semillas de sésamo), piñones, judías blancas, almendras, avellanas. En los alimentos de origen animal, ostras, mejillones, queso y carne de cordero.

YODO

Funciones: fundamental para producir hormonas tiroideas, imprescindibles para el desarrollo correcto de nuestros huesos y del cerebro del feto durante el embarazo, y de los niños. Si se padecen problemas de tiroides, debe consultarse al médico para que recomiende una dieta. Fuentes: avena, espinacas, judías blancas, soja y sus derivados y alimentos de origen animal como atún, ostras, queso, huevos, langostinos, gambas... También la sal yodada.

MANGANESO

Funciones: actúa de forma decisiva en la digestión de los hidratos de carbono y de las grasas. Refuerza la salud de nuestros huesos en colaboración con el boro. Resulta un buen antioxidante para proteger nuestras células. Fuentes: coco, piña, fresas, frambuesas, plátano, espinacas, col rizada, brócoli, sésamo, almendras, pistachos, piñones, judías blancas, quinoa, arroz integral, maíz, jengibre, canela... De origen animal: ostras, mejillones y huevos.

03.

CONSEJOS PRÁCTICOS

ALIMENTOS

FRUTAS Y VERDURAS 100 % NECESARIAS

grandes beneficios del consumo de frutas y verduras

1 Prevención de enfermedades cardiovasculares. **2** Protección frente a dolencias cerebrales. **3** Disminución de la incidencia de la obesidad. **4** Obtención de la fibra necesaria para regular el tránsito intestinal, controlar los niveles de azúcar y favorecer la salud intestinal. **5** Protección de la mucosa gástrica. **6** Fuentes principales de vitaminas y minerales. **7** Prevención de varios tipos de cáncer, especialmente de colon (el más numeroso) y estómago. **8** Favorecimiento de la hidratación de nuestra piel.

NECESIDADES

- 2 o 3 piezas de fruta al día.
- 200 o 300 gramos de verdura, alternando verduras de hoja verde (acelgas, espinacas, lechuga, col, col rizada, brócoli, apio...) con verduras de raíz (remolacha, zanahoria, cebolla, ajo, nabos, boniato, hinojo, rábanos...) sin olvidarnos de los champiñones y las setas.
- Entre un 40-50 % de todos nuestros platos deberían ser verduras.

¿POR QUÉ FRUTAS Y VERDURAS DE TEMPORADA?

La naturaleza, si la dejamos seguir su curso natural, conoce los nutrientes que más necesitamos, dependiendo de la temporada del año de cada zona, para cubrir nuestra necesidad de nutrientes en las diferentes estaciones. Las frutas y verduras de temporada mantienen sus aportes nutricionales intactos, sin alterar, sobre todo si han madurado en el árbol, ya que su carga de nutrientes será más rica. Su textura y sabor serán "los originales" de ese alimento. Además, y no menos importante, resultan más económicas para nuestro bolsillo, suelen ser más baratas porque hay más oferta. Al respetar el ciclo natural de crecimiento, se necesitarán menos pesticidas para su desarrollo, favoreceremos la diversidad de cultivos y la agricultura local (de cercanía).

FRUTAS Y VERDURAS DE TEMPORADA EN ESPAÑA

PRIMAVERA: aguacate, limones, naranjas, fresas, níspero, albaricoques, cerezas. Guisantes, brócoli, espinacas, acelgas, alcachofas, espárragos, apio, cebolla, zanahoria, calabacín, ajos, pimiento, tomate.

VERANO: cerezas, uvas, melocotón, ciruelas, peras, sandía, melón, manzana. Lechuga, tomate, patatas, cebolla, calabacín, pimiento, pepino, berenjenas.

OTOÑO: pera, manzana, aguacate, caqui, pomelo, mandarina, granada, chirimoya, naranja, kiwi. Calabaza, calabacín, boniato, zanahoria, puerro, acelgas, nabo, coliflor, lechuga, col, lombarda, brócoli, apio.

INVIERNO: naranja, mandarina, kiwi, limón, aguacate. Acelga, apio, hinojo, brócoli, zanahoria, coliflor, col, lechuga, lombarda, nabo, espinacas, habas, alcachofa.

ZUMOS, ¿SÍ O NO?

En los últimos años, están muy de moda los zumos, tanto de frutas como de verduras. Lo que debemos tener claro es que pueden ser un aporte extra de minerales y vitaminas, pero nunca deben sustituir una comida principal, ya que nos faltarían nutrientes fundamentales: hidratos complejos, proteínas y grasas.

nunca deben sustituir una comida principal

DIFERENCIAS ENTRE LOS ZUMOS Y LA PIEZA DE FRUTA ENTERA Con el zumo estamos quitando la fibra de la fruta, que, como ya hemos visto, es necesaria para regular el colesterol, el azúcar en sangre, el tránsito intestinal, etc.

En un vaso de zumo de naranja, casero y recién exprimido, encontramos hasta 20 gramos de azúcares simples. Son los mismos azúcares de las naranjas, pero si las consumimos enteras, sin hacerlas en zumo, estamos tomando la fibra que ayuda a que estos azúcares se absorban más lentamente, para que no tengamos una hiperglucemia repentina. Por lo tanto, mejor la pieza entera de fruta que en zumo, aunque podemos tomar un zumo de vez en cuando sin problemas.

No deberíamos empezar el día, como es costumbre, con el zumo de dos naranjas, demasiados azúcares simples de golpe. Es mejor comerse una naranja, un plátano o una manzana.

ZUMO DETOX, ¿SÍ O NO? La mayoría de este tipo de zumos, sobre todo los de verduras, están pensados para la limpieza del hígado. Debemos decir que, en condiciones de salud, el hígado cumple perfectamente esta función por sí solo en prácticamente un 99 %. Es cierto que hay algunos alimentos que le ayudan en esta tarea, como las verduras de hoja verde por su clorofila, las alcachofas porque favorecen la secreción de bilis, y todo tipo de coles por sus glucosinolatos. Pero jamás deben sustituir una comida; son saludables, pueden ser un buen chute de minerales, pero nunca deben suponer la parte principal de nuestra alimentación. Si todos los días incluimos verduras en nuestros platos, no será necesario recurrir a ellos.

ZUMOS INDUSTRIALES, MEJOR APARTARLOS DE NUESTRA ALIMENTACIÓN Suponen un enorme aporte de azúcares, sobre todo los de frutas tropicales. Muchísimos de estos zumos llevan azúcares refinados añadidos, que en algunas marcas pueden llegar a los 27 gramos de azúcares simples, una cantidad enorme; si a esto le sumamos la rapidez con la que los ingerimos, en apenas 3 o 4 sorbos, la subida de azúcar repentina está casi asegurada. Además, la lista de conservantes, colorantes y saborizantes que contienen los apartan, y mucho, de los zumos realizados en casa.

Con el paso del tiempo, aunque estén protegidos por los envases, las frutas pierden gran parte de sus nutrientes; la vitamina C es quizás la más sensible a este efecto.

No es una bebida aconsejable y mucho menos entre los máximos consumidores, los niños.

la mejor fuente de hidratos son los cereales integrales

LOS CEREALES, UNO A UNO

ARROZ INTEGRAL (sin gluten) Este tipo de arroz duplica la cantidad de magnesio, fósforo y manganeso y triplica la cantidad de vitamina A y fibra respecto al arroz blanco; además, su índice glucémico es de 50 frente al del arroz blanco, que se sitúa en 70. El arroz basmati integral es la mejor opción, con un índice glucémico de 40. Sin duda, el arroz integral resulta el cereal más nutritivo, más equilibrado, más digestivo, nos ayuda a controlar los niveles de colesterol y los triglicéridos, evita el estreñimiento, supone un buen aporte de vitaminas del grupo B, vitamina E... También son buenas opciones, además del basmati, el arroz rojo o negro. **Tiempo de cocción: 30-35 minutos, este tiempo se puede ver reducido si lo pones en remojo unas horas antes.**

MIJO (sin gluten) Considerado otro cereal de alto nivel nutricional, por sus vitaminas del grupo B, nos ayuda en problemas relacionados con el sistema nervioso, como el estrés, la ansiedad o los estados depresivos. Muy útil contra la anemia, los calambres musculares, la fatiga crónica, buena fuente de antioxidantes y muy recomendable para deportistas por su contenido en potasio y magnesio.**Tiempo de cocción: 40-45 minutos.**

QUINOA (sin gluten) Sus proteínas son 100 % completas, de ahí su utilidad para veganos y vegetarianos. Contiene potasio, magnesio, fósforo, calcio, cinc, vitaminas del grupo B, vitamina E... Por su alto contenido en flavonoides, previene el envejecimiento celular prematuro, tiene efectos antiinflamatorios, como el mijo, y propiedades antidepresivas, tonifica los riñones, fortalece el sistema digestivo, favorece la asimilación intestinal de los nutrientes. Por su aporte de vitamina E, resulta útil para la salud de piel, pelo y uñas, y también nos ayuda a regular el colesterol. **Tiempo de cocción: 20 minutos.**

Es muy importante pasarla por debajo del grifo con un colador durante un rato, moviéndola, para eliminar un antígeno que además de darle un sabor amargo termina con algunos de sus nutrientes; no sirve ponerla a remojar porque ese antígeno seguiría en el agua y en la quinoa, hay que dejar correr el agua para que desaparezca.

TRIGO SARRACENO (sin gluten) A pesar de su nombre, nada tiene que ver con el trigo. De hecho, no contiene gluten; también es conocido como alforfón. Es muy recomendable para diabéticos, ya que su contenido en fagomina ayuda a regular los niveles de azúcar en sangre y el índice glucémico de los alimentos que lo acompañan. Por su rutina aumenta la elasticidad de los vasos sanguíneos, previene enfermedades cardiovasculares como hipertensión, arritmias, mala circulación... Gracias a su niacina, lisina y magnesio, actúa como equilibrador del sistema nervioso; esta última cualidad la tienen prácticamente todos los cereales integrales. **Tiempo de cocción: 15 minutos.**

El arroz integral, el mijo, la quinoa y el trigo sarraceno deberíamos tomarlos varias veces a la semana. Combinándolos, son de los mejores alimentos que podemos incluir en nuestra dieta.

OTROS CEREALES

TRIGO (con gluten) El más consumido en todo el mundo después del arroz, está presente en muchísimos productos cotidianos. Existen diferentes variedades:

Trigo blando Se utiliza generalmente en panes blancos, bollería industrial, galletas, pasta, pizzas... Es el menos recomendable porque se lo ha privado de la mayoría de sus nutrientes.

Trigo duro Más recomendable que el anterior porque contiene mayor número de nutrientes. Con este tipo de trigo se hace el cuscús, por ejemplo.

Bulgur No es nada más que el trigo troceado, que se ha precocido para que sea más rápido de cocinar.

Espelta Es una variedad del trigo muy de moda en los últimos años. Resulta más digestivo que el trigo blando, de sabor más suave, y es muy recomendable el integral por sus minerales.

Kamut Es la mejor variedad de trigo por su alto valor nutritivo.

Frente a lo que es habitual (casi un 70 % del consumo de cereales en Europa pertenece al trigo en sus múltiples presentaciones), no estableceríamos el trigo como un cereal importante dentro de nuestra dieta porque no es especialmente rico en nutrientes, es el que más alergias genera y no es muy digestivo; en todo caso, nos decantaríamos por la espelta.

MAÍZ (sin gluten) Quizás es el cereal más denostado en los últimos años, ya que se calcula que el 90 % de su producción pertenece a cultivos transgénicos. Si lo consumimos con moderación y conocemos su procedencia, nos puede ayudar en la salud de nuestra piel por su contenido en inositol; su ácido fólico nos protege frente a ataques cardíacos; su tiamina nos ayuda a levantar el ánimo... Si lo consumimos en forma de sémola, la cocción sería de 25 minutos; también lo encontramos en copos o previamente cocido para usar. No recomendamos las mazorcas, ya que para su asado se exponen a temperaturas muy altas y eso daña sus propiedades.

AVENA (con gluten) La podemos consumir tanto en copos como en grano. Al contener ácido linoleico, avenasterol y lecitina es muy útil para regular el colesterol y prevenir dolencias cardiovasculares. Sus betaclucanos y fibra nos ayudan a prevenir el estreñimiento, la diarrea, la gastritis... Indicada para la salud de nuestro estómago. **Tiempo de cocción en copos: 6-8 minutos; en grano: 60 minutos.**

CENTENO (con gluten) Aunque pertenece a la familia del trigo, lo hemos destacado por su enorme presencia en los últimos años y por su mayor cantidad de beneficios. Es más habitual su uso en harinas para realizar panes y pasta, pero también lo podemos consumir en grano. Nos ayuda en la elasticidad de los vasos sanguíneos y a regular los niveles de colesterol, es el cereal por excelencia para el corazón. También recomendable para la salud de nuestros ojos y de nuestra piel. **Tiempo de cocción en grano: 1 hora y 30 minutos.**

AMARANTO (sin gluten) Conocido como el «cereal de los estudiantes», ya que su alto contenido en lisina lo convierte en un buen aliado de nuestro cerebro favoreciendo la concentración, la memoria y el aprendizaje. Además, contiene importantes sustancias anticancerígenas como lunasin y escualeno, especialmente para prevenir el cáncer de colon. **Tiempo de cocción: 6-8 minutos.**

CEBADA (con gluten) Resulta uno de los cereales más energéticos, con una enorme cantidad de hidratos complejos, hasta un 76 % de su composición, de ahí que sea recomendable para deportistas. Presenta una buena cantidad de fibra que nos ayudará a controlar el colesterol en sangre y también previene el estreñimiento. Su combinación de calcio, fósforo y magnesio la hace recomendable para el fortalecimiento de nuestros huesos. La podemos encontrar en copos de desayuno o en grano. **Tiempo de cocción en copos: 4-5 minutos; en granos: 60-65 minutos.**

SORGO (sin gluten) Quizás el menos conocido, aunque últimamente está bastante en auge entre los celíacos por no contener gluten. Contiene una buena cantidad de ácido fólico y vitamina E. Se ha demostrado eficaz en la regulación de los niveles de azúcar en sangre y en procesos inflamatorios. **Tiempo de cocción en copos: 25-30 minutos.**

Como veis, el mundo de los cereales no se limita al arroz, al trigo y al maíz, los más consumidos, sino que tenemos una amplísima variedad que podemos ir alternando para aprovechar los beneficios de cada uno.

04

LOS MEJORES TIPOS DE ARROZ

Sin duda, el arroz es uno de los alimentos básicos en cualquier casa, en cualquier dieta, y es el alimento básico más consumido del mundo. Su cultivo ocupa más del 10 % de la superficie cultivable y está especialmente presente en los países asiáticos. Por lo tanto, merece la pena conocer las diferentes variedades, por lo menos las más populares, y ver cuáles son más interesantes nutricionalmente.

ARROZ BLANCO A pesar de ser el más popular, debido también a su coste, es el que menos nutrientes nos aporta. Al quitarle la cáscara, donde están la mayor parte de sus minerales, y el germen, donde conserva sus ácidos grasos esenciales, grasas saludables, apenas nos quedamos con los hidratos de carbono simples. No hace mucho oí decir a un cocinero de estos de muchas estrellas que al final el arroz blanco era simplemente un vehículo para los sabores, y tiene toda la razón porque al ser muy poroso absorbe los sabores del cocinado, pero no es interesante nutricionalmente. Mejor el arroz integral.

ARROZ INTEGRAL Esta variedad sí conserva su cáscara y, por lo tanto, un buen número de minerales como magnesio, potasio, fósforo, hierro, etc. Además, sus ácidos grasos contenidos en el germen ayudan a regular los niveles de colesterol. En este caso estamos hablando de hidratos de carbono complejos, aquellos que nuestro organismo consume poco a poco, por lo tanto, no se produce una subida repentina del azúcar, sino que su energía se libera lentamente y es mucho más difícil que estos hidratos se acumulen como grasa. Tiene vitaminas del grupo B, que ayudan a regular nuestro sistema nervioso, una gran cantidad de fibra para regular el tránsito intestinal y mejorar o mantener la salud intestinal y un largo etcétera. El único inconveniente es que tarda más en cocerse; lo podemos poner a remojar unas horas antes para reducir este tiempo. Entre los arroces integrales, el que más minerales presenta es el basmati, pero debemos comprobar que sea integral. Ahora se han puesto de moda los semiintegrales, aunque no tiene mucho sentido quedarse a mitad del viaje; mejor hacer el viaje completo si vamos a pagar el mismo billete.

ARROZ ROJO También es un arroz integral, pero a diferencia de este contiene todavía una mayor cantidad de minerales, especialmente magnesio, útil para la salud de nuestro cerebro y huesos, y cinc, que unido a su vitamina B6 refuerza nuestras defensas. Por su lovastatina, resulta eficaz para equilibrar el colesterol en sangre y los triglicéridos, es el que mayor número de antioxidantes presenta. Lo podemos encontrar en tiendas ecológicas y herbolarios; para hacerlo de vez en cuando no está mal, pero con el integral nos serviría.

ARROZ NEGRO No nos referimos al que lleva tinta de calamar, sino a aquel que en su origen tiene la cáscara negra.
Destaca por su enorme contenido en antioxidantes, especialmente antiocianinas; por lo tanto, es un buen preventivo contra el cáncer. Es la variedad que mayor cantidad y variedad de minerales presenta, como magnesio, fósforo, cinc, calcio, manganeso, potasio...; esto lo convierten en muy interesante para deportistas. Presenta el menor índice glucémico de los arroces (35). Como el resto, protege nuestro sistema cardiovascular.

	blanco	integral
potasio	35 mg	45 mg
magnesio	12 mg	43 mg
fibra	0,4 g	1,9 g
fósforo	43 mg	83 mg
manganeso	0,4 mg	0,9 mg
vitamina A	0 mg	0,14 mg
índice glucémico	70	50

05

SOJA, NI MILAGROSA NI TOXICA

Hay muchísimos mitos alrededor de la soja y sus derivados debidos, en parte, a que es un alimento de reciente introducción en nuestro país y que desde hace pocos años está muy presente en nuestra alimentación. Como en muchos casos en nutrición, existen estudios contradictorios al respecto, algunos interesados de parte, otros sin conclusiones muy consistentes, de ahí tanta confusión.

NO ES TÓXICA NI PELIGROSA... Se ha comentado mucho que la soja contiene hormonas femeninas, y no es así. Lo que presenta son isoflavonas, un fitoestrógeno con una estructura química muy similar a los estrógenos (hormona femenina), pero no lo son, ni nuestro organismo puede asimilarlas como tales; por lo tanto, no interfiere con las hormonas femeninas, ni provoca una pubertad temprana en niñas, ni crecimiento de los senos en hombres, etc.

El Instituto Nacional del Cáncer (NCI, en sus siglas en inglés) de los Estados Unidos confirma que las isoflavonas no son cancerígenas y que no hay problema por consumir soja durante el proceso de un cáncer. Hay más dudas con los suplementos de soja, con las pastillas, con los concentrados; estos los desaconsejaríamos.

Con problemas de tiroides, podrían afectar a una serie de compuestos de la soja (goitrógenos), que desaparecen con la cocción o si tomamos medicación, pero es mejor consultar a nuestro médico. Prácticamente el 90 % de su producción es transgénica; sin embargo, la Unión Europea prohíbe la entrada y producción de soja transgénica.

... NI MILAGROSA Hace años se aconsejaba la soja contra los síntomas de la menopausia; actualmente, nuevos estudios revelan que estos efectos tienen poca base.

Igualmente, hace no mucho tiempo se la consideraba la panacea para la prevención del cáncer de mama, pero esta teoría está desterrada. Es cierto que previene en cierta medida la aparición del cáncer, pero como el resto de las legumbres que contienen antioxidantes.

Sí regula el colesterol y los niveles de azúcar en sangre y protege la salud cardiovascular, pero no de manera especial. Igual que los garbanzos, las alubias, las lentejas...; se comporta como otras legumbres. Sí resulta muy útil para veganos/vegetarianos, ya que contiene un 100 % de proteínas completas.

BEBIDA DE SOJA No debería tenerse como bebida vegetal principal, ya que al ser una leguminosa (una legumbre) tomarla en el poco rato que nos dura un vaso puede hacer que nos sintamos pesados; además, la aparición de gases es mucho más probable. En muchos casos, aumenta bastante la mucosidad, y por este motivo la dejé de tomar. Son más recomendables las bebidas de almendras o de avena.

TOFU Se obtiene después de la coagulación de la leche de soja; es lo que se conoce como cuajada de soja, con una textura similar al queso fresco. Por su proceso, es algo más digestivo que la leche de soja. No se debe tomar más de dos veces a la semana y en una porción no superior a los 50 gramos cada vez.

TEMPEH Aunque de forma similar al tofu, aporta muchos más nutrientes, sobre todo más vitaminas y más fibra, y mantiene intactas sus proteínas completas. A diferencia del tofu, aquí la soja ha experimentado un proceso de fermentación que lo hace mucho más digestivo. Es muy utilizado en los países asiáticos para mantener y mejorar la salud de los intestinos, fortaleciendo la flora intestinal. Es recomendable cambiar el tofu por el *tempeh*, y aunque es cierto que es bastante más fuerte de sabor, no habría problema por consumirlo varias veces a la semana.

SALSA DE SOJA Se obtiene de la fermentación de los granos de soja sumergidos en agua y sal, donde pueden estar hasta un año, o incluso más, hasta obtener la salsa. Deberíamos buscar en tiendas especializadas las que sigan la receta tradicional; las grandes marcas de esta salsa añaden una gran cantidad de azúcar refinado. Debemos tener en cuenta que en su mayoría es sal, y es fácil pasarse. La mejor variedad es el tamari.

MISO Sin duda es el alimento derivado de la soja más interesante y más beneficioso para nuestra salud. Contiene enzimas que nos ayudan en la digestión, fortalecen el estómago, regulan y protegen la flora intestinal, mejoran el sistema inmunológico, regulan el colesterol en sangre, mejoran el estado de la piel hidratándola, equilibran el sistema nervioso... La precaución que debemos tener es, de nuevo, su gran contenido en sodio.

En cuanto a los platos precocinados a base de soja como hamburguesas, salchichas, croquetas, etc., debemos tener en cuenta las mismas precauciones que para los precocinados de origen animal, la calidad de los ingredientes, así como los aceites empleados, conservantes, colorantes, etc. Mejor evitarlos.

RECETA DE SOPA DE MISO

Para 4 personas:
20 g de alga wakame
250 g de tofu
1 cucharada de miso
1 cebolla grande
1 puerro
3 zanahorias
agua
sal

En abundante agua hirviendo, agregamos la cebolla en tiras, el puerro muy picado, la zanahoria en palitos y el alga en tiras finas, y lo cocemos durante 15 minutos.
A los 5 minutos de cocción, incorporamos el tofu, y pasado el tiempo total retiramos del fuego.
En un bol, ponemos el miso, vertemos un poco de caldo de la sopa, lo deshacemos muy bien con una cuchara y agregamos esta preparación a la olla retirada del fuego. El miso no debe cocer nunca, ya que pierde gran parte de sus nutrientes. Lo removemos muy bien. Podemos completar la sopa con un chorrito de aceite de oliva, limón y pimentón.

¿CUÁL ES EL MEJOR PAN?

PAN BLANCO A la harina blanca la han desprovisto de la parte más nutritiva del cereal: el germen, donde están las grasas saludables, y la cáscara, donde están la mayor parte de los minerales. Por lo tanto, deberíamos evitar el pan blanco, que por desgracia es el más habitual, además de por ser un pan «desnaturalizado», con muy poco valor nutricional, por tener un alto índice glucémico, elevar rápidamente los niveles de glucosa en sangre y contener altas cantidades de hidratos de carbono simples (los menos saludables). Estos producen una hiperglucemia (subida de azúcar) al consumirse y una posterior hipoglucemia (bajada de azúcar) que obliga a ingerir más hidratos simples para restablecer los valores normales, de ahí que después de comer muchas veces nos apetezca algo dulce (de esto parte «el invento» del postre). Así entraremos en una espiral algo peligrosa para nuestra salud y una de las causas principales del sobrepeso.

PAN INTEGRAL Deberíamos cambiar el pan blanco por pan integral; pero, ojo, de nuevo en la mayoría de los supermercados y panaderías el pan integral tiene un porcentaje de harina integral y otro porcentaje de harina blanca. La ley dice que el fabricante puede poner el nombre de «integral» en el envase, en la etiqueta, si tiene un 30 % o más de harina integral, así que el 70 % restante puede ser harina blanca, refinada... El cambio será poco. Debemos buscar porcentajes mucho más altos; si es 100 % integral sería perfecto. En tiendas ecológicas o herbolarios podéis encontrar cierta variedad, pero la mejor solución sería hacerlo en casa; sale bastante económico y controlamos los ingredientes. Os recomendamos algún tipo de panificadora; cada vez son más baratas y sencillísimas de usar: se ponen los ingredientes que se indican, se le da al botón y a esperar hasta que esté listo. Si se prefiere el horno, hay centenares de recetas en Internet; yo hace años lo hacía así, pero

	molde	blanc	integral
calorías	255	261	229
azúcares	5,1 g	1,9 g	1,7 g
fibra	2,9 g	3,5 g	7,2 g
magnesio	21 mg	25 mg	76 mg
fósforo	79 mg	91 mg	201 mg
potasio	109 mg	112 mg	220 mg
índice glucémico	85	70	40

es un trabajo bastante laborioso y no siempre los resultados son los esperados, creo que da mejores resultados la panificadora.

Las mejores harinas desde el punto de vista nutricional son la espelta y el centeno. El trigo queda más restringido, ya que no es de los cereales más nutritivos a pesar de ser el más usado.

MASA MADRE Sin duda, el mejor de todos sería el pan integral elaborado con masa madre. Esta masa madre es una levadura natural obtenida de la fermentación de una porción de harina y agua, proceso durante el cual aparecen multitud de bacterias beneficiosas para nuestros intestinos y que nos ayudan a mantener fuertes nuestras defensas. No es fácil de encontrar, aunque algunos herbolarios y tiendas ecológicas los comercializan; la técnica es sencilla, aunque lleva cierto trabajo de vigilancia para que no se estropee esa masa madre.

PAN DE MOLDE Aunque hay una gran variedad, el pan de molde en general tiene una mayor cantidad de azúcares y grasas que el pan blanco y mucha menos cantidad de minerales y vitaminas que el pan integral; además de todo esto, para su conservación, presenta un buen número de aditivos artificiales. El pan de molde integral todavía presenta más conservantes, ya que, como hemos dicho, las harinas integrales se enrancian antes debido a sus ácidos grasos.

Como resumen, los menos recomendables de esta gama serían los panes de molde. Debemos evitar el pan blanco y sustituirlo por pan integral, si es 100 % integral, y si lo hacemos en casa, mejor que mejor.

como el pan, dependerá de la calidad de las harinas empleadas

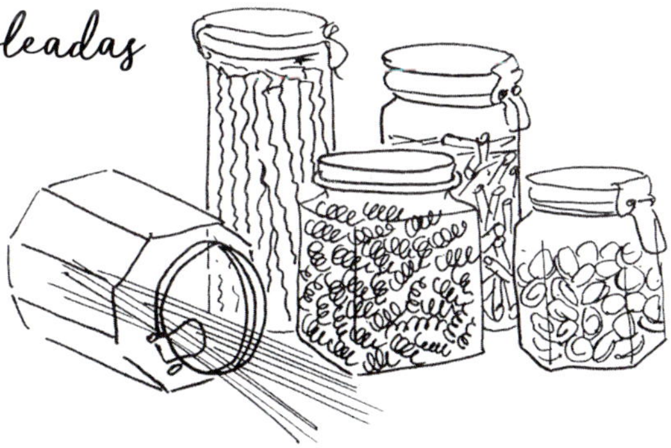

pasta sí, pero mejor la integral que la blanca.

PASTA, ¿SÍ O NO?

	blanca de trigo	integral de trigo*
	fuente de hidratos simples	fuente de hidratos complejos
índice glucémico	70	40
fibra	4,2 g	8,6 g
calcio	6 g	25 g
fósforo	56 g	173 g
hierro	1,1 mg	3,8 mg
magnesio	18 mg	53 mg

especialmente nutritiva la de espelta, centeno y arroz integral.

* Hemos elegido el trigo por ser el más utilizado en pastas, pero los hay mucho más nutritivos.

SALSAS SALUDABLES PARA LA PASTA

SALSA DE TOMATE CLÁSICA

4 tomates maduros
media cebolla
medio pimiento verde
2 dientes de ajo
pimienta negra
nuez moscada (opcional)
1-2 cucharada de aceite de oliva
sal

Pelamos los tomates; para que sea más fácil hacerlo, ponemos agua a hervir en una cacerola. Cuando rompa el hervor, introducimos los tomates 30 segundos, los sacamos y será más cómodo retirarles la piel.
En una sartén, calentamos el aceite y agregamos la cebolla, el pimiento y los dientes de ajo cortados muy finitos. Salpimentamos al gusto. Transcurridos unos 10 minutos, a fuego medio, agregamos los tomates cortados en daditos. En este punto, es posible que tengamos que poner otra cucharada de aceite. Seguidamente, con una cuchara de madera vamos aplastando los trozos de tomate y cocinamos la salsa durante 20 minutos, removiendo de vez en cuando. Si no nos gustan los "tropezones", podemos pasar la salsa por la batidora.

SALSA PESTO

50 g de piñones
30 g de albahaca fresca
1 diente de ajo
3 cucharadas de aceite de oliva virgen extra
sal

Tostamos ligeramente los piñones en una sartén, sin aceite. Disponemos todos los ingredientes en el vaso de la batidora y los trituramos hasta que quede una salsa homogénea; si queda muy espesa, podemos poner algo más de aceite.

08

PELIGROS DEL AZÚCAR BLANCO

No exageramos si decimos al hablar del **azúcar blanco** que estamos ante uno de los alimentos más nocivos para nuestra salud, un asunto muy preocupante en la sociedad actual, donde su consumo es exageradamente alto. Lo encontramos en bollería, refrescos, helados, golosinas, *snacks*, chocolates, embutidos, zumos envasados, cereales de desayuno industriales, precocinados y un larguísimo etcétera.

Para su obtención, tras numerosos procesos químicos, se ha privado a la remolacha o a la caña de azúcar de la que procede de la inmensa mayoría de los minerales y vitaminas que contiene, considerándose un **alimento prácticamente vacío**, es decir, aporta muchas calorías pero muy pocos nutrientes.

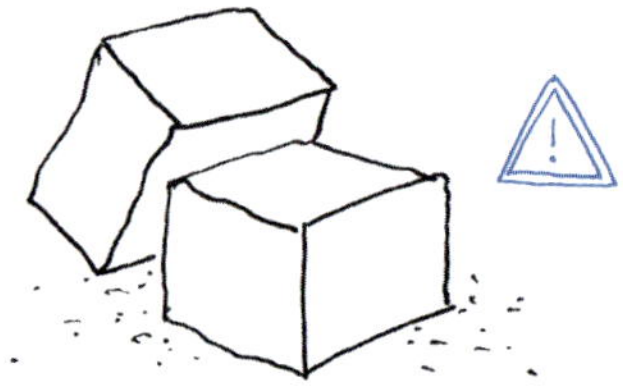

inconvenientes más relevantes

LA OBESIDAD Y EL COLESTEROL

Al ingerir una gran cantidad de hidratos simples en muy poco tiempo, es facilísimo que nuestro organismo, ante tal saturación, decida almacenarlos como grasa, lo que con los años desembocará en problemas de colesterol alto.

MÁS PROPENSOS A INFECCIONES

Los glóbulos blancos se ven afectados por su consumo, siendo menos eficaces en su trabajo. Las infecciones se pueden volver recurrentes, sobre todo por bacterias; se ha observado que afecta especialmente a las infecciones vaginales y favorece la proliferación de parásitos (las famosas lombrices en los niños).

PRODUCE UN DESAJUSTE EN NUESTRO SISTEMA NERVIOSO

Cuando lo ingerimos se produce un pico de hiperglucemia en nuestro organismo, aumenta de forma rápida la glucosa en sangre, nuestro hígado y nuestro páncreas tienen que esforzarse para volver «a la normalidad», lo que nos lleva a una hipoglucemia, una bajada rápida de glucosa en sangre, y tendremos que volver a comer algo con azúcar para volver a los niveles normales, entrando en una espiral que puede desembocar en problemas de diabetes y obesidad y además nuestro sistema nervioso estará en una constante montaña rusa de subidas y bajadas.

LA SALUD DE NUESTROS HUESOS

Cuando se produce una ingesta continuada de azúcar, es altamente probable que se elimine por la orina parte del calcio que consumimos, provocando que las reservas bajen y a la larga seamos candidatos a padecer osteoporosis. Varios estudios en EE. UU., el país con mayor número de casos de osteoporosis, relacionan la ingesta diaria del refresco más famoso del mundo con esta dolencia.

Además de todo esto, produce una gran adicción; nuestro cerebro necesita de los azúcares para realizar gran parte de su trabajo y lo más fácil es recurrir a la vía más rápida, los azúcares simples: bollerías, tartas, refrescos… Cogemos el camino sencillo, el problema es que entramos en esa espiral peligrosa: cuanto más tomamos más necesitamos. Por experiencia propia, cuando dejé el azúcar blanco de golpe, de un día para otro, estuve una semana notando mareos, me encontraba algo desubicado, e investigando descubrí que era «el mono» del azúcar, pero solamente hay que dejar pasar unos días y todo se ajusta.

Si nuestro cerebro necesita azúcares y el azúcar blanco está prohibido, ¿cómo los obtenemos?. Consumiendo hidratos de carbono complejos.

¿POR QUÉ NOS CUESTA DEJAR EL AZÚCAR?

No hay una respuesta clara al respecto; hay muchos nutricionistas, pero sobre todo psicólogos, que han trabajado y están trabajando en este tipo de investigaciones y las conclusiones más acertadas son:

QUE EL PRIMER ALIMENTO QUE TOMAMOS, la leche materna, contiene muchos azúcares simples, lo que en esta etapa tiene todo su sentido porque necesitamos que el cerebro se forme, se desarrolle de forma rápida... El recuerdo de ese sabor que tan placenteramente tomamos en el regazo de nuestra madre hace que inconscientemente lo asociemos a buenos momentos de total protección maternal. ¿Dónde mejor podemos estar? Además su enorme cantidad de grasas, casi un 50 %, tiene una combinación similar a la de mucha bollería industrial: alta en azúcares simples y grasas.

OTRA TEORÍA DEL IMPULSO IRREFRENABLE de lanzarnos a por un bocado de pastel se relaciona también con los primeros años de nuestra vida: en nuestra sociedad, la recompensa al buen comportamiento (buenas notas, cuidar a nuestra hermana, estar quietecito en el sofá, tomarnos las verduras...) se realiza con chucherías, bollería, chocolates con leche... Por ejemplo, los cumpleaños se celebran con una enorme tarta de chocolate y nata. Cuando somos adultos todavía nos quedan esos recuerdos: el azúcar y sus derivados nos hacen sentir bien, los asociamos a momentos placenteros, felices..., de ahí el eslogan tan utilizado y tan peligroso de «el chocolate da la felicidad» estamos buscando una recompensa constantemente. Aquello de «me merezco una chocolatina por el trabajo bien hecho».

EN LOS ÚLTIMOS AÑOS TAMBIÉN se ha demostrado que la mezcla de azúcares y grasas activa las mismas partes del cerebro que algunas drogas, de ahí que este tipo de productos sean altamente adictivos.

Y POR UNA RAZÓN MUY SIMPLE: ESTÁ EN TODAS PARTES. Hace unos meses vi un experimento muy sencillo realizado por La Sexta que decidió comprobar cuántos productos del supermercado contenían azúcares refinados; concluyeron que el 80 % de los productos los contenían: refrescos, zumos envasados, bollería, cereales de desayuno, galletas, todo tipo de panes, *snacks*, pizzas, batidos, carnes precocinadas, salsas..., es decir, prácticamente la totalidad de los productos procesados. A esto hay que añadir su enorme presencia en bares, cafeterías, restaurantes... Parece que no hay salida, que nos bombardean con ella, pero os aseguro que sí la hay, y merece la pena esforzarse en intentarlo.

09

ALTERNATIVAS AL AZÚCAR BLANCO

Lo que tenemos que tener claro es que los endulzantes no son necesarios para nuestra salud, más bien todo lo contrario, porque aportan sabor pero poca cosa más. Hay muchas opciones mejores que el azúcar blanco (azúcar refinado); vamos a verlas.

AZÚCAR MORENO Muy similar al azúcar blanco, únicamente las separa un proceso; no habría prácticamente ninguna diferencia.

PANELA O AZÚCAR DE RAPADURA La mejor de todas las alternativas, es azúcar de caña 100 % integral, obtenida por procesos mecánicos (nada de química), contiene una gran cantidad de minerales como calcio, potasio, magnesio, hierro, fósforo... o vitaminas del complejo B y vitamina A. Mucho más que una manera de endulzar.

AZÚCAR DE COCO También es integral, sin procesos químicos, tiene un bajo índice glucémico (no eleva los niveles de glucosa en sangre de repente) y, por si tienes dudas, no sabe a coco.

ESTEVIA O STEVIA Si es líquida la desaconsejo, ya que para su obtención se han seguido procesos químicos de los que no soy nada partidario; mejor si es en polvo o granulado, pero fíjate muy bien en el envase: debe ser 100 % obtenido de la hoja de la planta y apenas hay marcas que la comercialicen de esta manera, así que lo mejor es hacerte directamente con una planta y utilizar sus hojas una vez secas.

XILITOL El más recomendable se obtiene directamente de la madera de abedul, pero tendríamos que fijarnos muy bien en su envase, en sus ingredientes, en su composición, ya que pasa como la stevia, en la mayoría de los casos es químico prácticamente al completo. Debería indicar algo así como «extracción 100 % natural» para que fuera recomendable.

MIEL DE ABEJA Es un producto que tiene muy buena fama, que se ha publicitado muchísimo, pero contiene un 84 % de azúcares simples, tiene un índice glucémico altísimo, con lo cual la hiperglucemia nada más tomarla está prácticamente asegurada. Si miramos su tabla nutricional apenas aporta minerales y vitaminas como nos han vendido.

SIROPE DE AGAVE Ocurre lo mismo que con la estevia, sí tiene un índice glucémico bajo, pero su obtención en la mayoría de los casos es química, por lo que debemos mirar muy bien el envase.

SACARINA Producto fabricado 100 % en laboratorio, también se han dado casos de «adicción» a esta sustancia. La evitaría.

JARABE DE MAÍZ Se utiliza en infinidad de productos procesados, sobre todo en refrescos; también es un alimento químico, pues el maíz ha pasado por múltiples procesos hasta su conversión en un jarabe endulzante.

Por lo tanto las mejores alternativas serían la panela y el azúcar de coco.

10

buenísimas fuentes de hidratos completos, fibra y minerales

Nos ayudan a regular el tránsito intestinal

LEGUMBRES, UNA A UNA

GARBANZOS Muchos nutricionistas los consideran proteínas completas, ya que presentan un 93-95 % de los aminoácidos necesarios. Por su cantidad de fibra, son buenos para la salud de nuestro corazón y nuestras arterias; reducen los niveles elevados de colesterol y contienen una buena cantidad de hierro; por lo tanto, son muy indicados para la anemia ferropénica. Son una gran fuente de potasio para evitar calambres y mejorar la salud de nuestros músculos, además de ser muy energizantes, ideales para deportistas. Útiles para los diabéticos porque controlan la glucosa en sangre, permiten al organismo asimilar y almacenar la insulina. Por su ácido fólico, son recomendables para las embarazadas. Su alta cantidad de triptófano los hace efectivos contra el estrés y las depresiones... Sin duda, son uno de los mejores alimentos que podemos consumir.

LENTEJAS Contienen fibra, vitaminas B1 y B6, magnesio, hierro, potasio, cinc, cobre... Gracias a su niacina, tiamina y riboflavina ayudan a equilibrar el sistema nervioso y son eficaces durante estados depresivos. También evitan la retención de líquidos, regulan el sangrado durante la menstruación, previenen las infecciones vaginales y

Hay que tomar legumbres un mínimo de 3 veces a la semana

ayudan a una buena salud de nuestros huesos. Las lentejas rojas tienen propiedades similares, la gran ventaja es que el tiempo de cocción se reduce a unos 10 o 15 minutos.

JUDÍAS/ALUBIAS Por su magnesio y su potasio, nos ayudan a controlar la presión arterial. Junto con el ácido fólico y la fibra, contribuyen a la salud de nuestras arterias y a prevenir enfermedades cardiovasculares. Su contenido en hierro es superior al de las lentejas; además, en conjunción con sus vitaminas del grupo B, son eficaces también para la anemia ferropénica. Igualmente recomendadas para diabéticos por la misma razón que los garbanzos. Las judías pintas tienen características similares.

AZUKIS Legumbre procedente de Asia, con un buen contenido en ácido fólico, fósforo, hierro, magnesio y vitaminas del grupo B. Tradicionalmente asociada en la cocina japonesa con el fortalecimiento de los riñones. Además, facilita la digestión de las grasas y refuerza nuestra flora intestinal. Por su contenido en tiamina, son útiles para eliminar toxinas, para ayudar a nuestro hígado en su trabajo. Se cocinan como el resto de las legumbres y tienen un tiempo de cocción de aproximadamente 1 hora.

TRUCOS CONTRA LOS GASES

Uno de los mejores remedios para evitar los gases sería tomar unos 20 o 30 minutos después de comer legumbres una infusión de hinojo: un par de cucharaditas de hinojo por cada taza de agua recién hervida, la dejamos reposar 5 minutos y nos la bebemos. Podemos tomar hasta tres al día, y si se desea se puede acompañar con unas cuantas semillas de comino y una pizca de canela. También podemos añadir comino a los platos que más gases nos produzcan, por ejemplo los guisos de legumbres. La canela es uno de los alimentos con mayor efecto carminativo (capacidad de neutralizar los gases).

Si añadimos a las recetas de legumbres laurel, albahaca, alcaravea, cúrcuma, jengibre, perejil y orégano obtendremos también este efecto carminativo (neutralizador de gases).
Y, por supuesto, masticar muy bien los alimentos.

11

TIPOS DE ACEITES VEGETALES

ACEITE DE OLIVA Deberíamos consumir aceite de oliva virgen extra de primera presión en frío; si no lo encontramos o no nos alcanza el bolsillo (desafortunadamente no es un producto barato, pero si nos ceñimos a las 3 o 4 cucharadas diarias, dura bastante), por lo menos que sea virgen extra. El virgen (sin extra) y categorías inferiores tienen grados de acidez altos, lo que indica que presentan más radicales libres en su composición. El aceite de oliva en general, sin tener en cuenta estas categorías, no presenta un aporte importante ni de omega-3 ni de omega-6, solamente entre un 8 y 10 % de su contenido; no es de los más nutritivos, mejor los que hemos visto antes. Pero no lo debemos descartar, puede ser nuestro aceite de consumo principal porque tiene beneficios como prevenir la trombosis o la arteriosclerosis; además, varios estudios han confirmado su idoneidad para prevenir el cáncer de mama, ayuda al buen funcionamiento del hígado... Aunque no seamos nada partidarios de las frituras, es de los más recomendables en esta forma de cocinar por su estabilidad, ya que no libera tanta cantidad de radicales libres como otros al someterlo a altas temperaturas.

ACEITE DE GIRASOL Uno de los alimentos con mayor porcentaje de vitamina E, un potente antioxidante que ayuda a nuestra piel, también previene enfermedades cardiovasculares, cáncer de colon, recto y próstata, reduce la hipertensión... Consumido en exceso (por supuesto también en fritos) puede resultar inflamatorio, cargar los riñones, deteriorar nuestras arterias, etc. Este, sí o sí, debe ser de primera presión en frío, el problema es que prácticamente la totalidad de los que encontramos en supermercados son refinados, con lo cual ni siquiera obtenemos los beneficios de la vitamina E.

ACEITE DE COCO Hablamos del aceite de coco alimenticio, no del utilizado en cosmética ni para dar masajes. La mejor opción es el virgen extra, que encontramos en herbolarios y tiendas ecológicas. Resulta mucho más estable que el aceite de oliva al someterlo al calor (fritura, horneados...) y genera un menor número de radicales libres. Tiene propiedades antivíricas y antiinflamatorias, además de hidratar nuestra piel.

Entre sus contras encontramos la enorme cantidad de grasas saturadas, un 87 %, frente al 14 % de las del aceite de oliva.

Por todo esto, no es un aceite que aconsejaríamos para su consumo diario, sino de manera puntual para algunas recetas.

OTROS ACEITES INTERESANTES

sésamo, lino, nuez, soja, germen de trigo... Todos son buenísimas fuentes de omega-3 y omega-6; podemos tomar 2 o 3 cucharadas a la semana, siempre en crudo.

DIFERENCIAS DENTRO DE LOS ACEITES DE OLIVA

VIRGEN EXTRA DE PRIMERA PRESIÓN EN FRÍO Es directamente el zumo de la aceituna, la primera extracción, sin ningún tipo de proceso químico ni de sometimiento a altas temperaturas. Es el más recomendable de todos. Lo encontramos en tiendas ecológicas, herbolarios..., aunque es cierto que su precio es algo prohibitivo.

VIRGEN EXTRA Esta es una buenísima opción y es algo más económico que el anterior. Nunca debe sobrepasar los 0,8° de acidez. La extracción también es mecánica, pero la aceituna ha podido ser sometida a varias extracciones; no hay demasiada diferencia con el anterior.

VIRGEN (SIN EXTRA) Nunca debe sobrepasar los 2° de acidez. Su calidad suele ser algo menor por la selección de aceitunas y también se ha sometido a varias extracciones.

(SIN VIRGEN, SIN EXTRA) un 10 % está compuesto por aceite de oliva virgen y/o virgen extra, y el resto, hasta el 100 %, con aceite de oliva refinado de manera química. Este no sería aconsejable.

ORUJO Se obtiene del prensado de los restos de las aceitunas después de obtener los otros aceites. Se incluyen en este prensado los huesos, añadiéndole algo de aceite de oliva para que tenga el color y consistencia del aceite. Este tampoco sería recomendable.

ACEITE DE PALMA En los últimos meses habréis oído hablar mil veces del aceite de palma, de lo perjudicial que es para nuestra salud, y, lejos de ser alarmistas, la inmensa mayoría de las razones para no tomarlo están justificadas. Se obtiene, como su nombre indica, de la palma y la mayor producción se encuentra en el sur de Asia, principalmente Indonesia y Malasia. Su proceso de refinado y calentamiento a altas temperaturas es lo que lo convierte en un alimento nada recomendable. Desgraciadamente, la industria de la alimentación lo emplea en numerosísimos productos, porque aporta un sabor agradable y actúa como conservante; está presente en la inmensa mayoría de galletas, bollería, helados, *snacks*, comida rápida, platos precocinados, congelados, etc.

algunas de las razones para no tomarlo

1 La Agencia Europea de Seguridad Alimentaria detectó que al calentarlo a altas temperaturas (por ejemplo, en frituras, y también cuando calentamos los precocinados) se generan ciertos compuestos cancerígenos. Pidió una regulación a la Unión Europea, pero todavía sigue esperando. **2** La revista científica *Nature*, una de las más serias, publicó en 2016 un estudio que relacionaba su consumo con el aumento de las posibilidades de sufrir metástasis en procesos cancerígenos. **3** Es rico en ácido palmítico, el considerado menos saludable por autoridades como la Organización Mundial de la Salud por su relación directa con la elevación del colesterol «malo» y la disminución del «bueno», lo que puede derivar en serios problemas cardiovasculares. **4** Es el aceite con mayor cantidad de grasas saturadas, casi el 50 % de su contenido lo son, ¡una barbaridad! Grasas que, a largo plazo y con un consumo continuado, pueden derivar, de nuevo, en problemas para nuestras arterias, nuestro corazón... **5** Su cultivo provoca enormes daños medioambientales como, por ejemplo, la deforestación de grandes zonas de bosques y selvas; en América del Sur ha supuesto la pérdida del 31 % de bosques tropicales, y en el sudeste asiático, el 45 % de los bosques. **6** Provoca la muerte a centenares de orangutanes (unos 750 al año según la BBC) y muchas especies, como los elefantes y tigres, se han visto desplazados por su cultivo. Teniendo en cuenta que el 90 % de los orangutanes viven en Indonesia, su extinción puede estar muy cerca. **7** Los trabajadores indonesios dedicados al cultivo, recolección y extracción del aceite de palma trabajan en condiciones prácticamente de «esclavitud», con sueldos de 1 euro al día (datos de Ayuda en Acción).

Lo podemos encontrar en las etiquetas de los productos como aceite de palma, *palmiste, palmitato, palm oil, palmitic,* etc. Si pone «aceite vegetal» y no especifica qué aceite es, debemos desconfiar; esto pasa mucho en las margarinas y mantequillas. La solución es huir, en la medida de lo posible, de los productos procesados de que hemos hablado al principio. Como diría mi abuela, «más mercado y menos supermercado», más alimentos frescos que preparados y, siempre que podamos, planificarnos, sacar tiempo de donde sea para cocinar en casa.

OMEGA-9

- aceite de oliva virgen extra
- almendras
- aguacate
- aceitunas
- cacahuetes

OMEGA-3

- aceite de oliva virgen extra
- almendras
- nueces
- avellanas
- espinacas
- todo tipo de coles
- piña
- fresas
- semillas (chía, lino, sésamo...)
- salmón y sardina

OMEGA-6

- aguacate
- aceite de girasol
- aceite de lino
- aceite de sésamo
- germen de trigo
- todo tipo de coles
- nueces
- piñones
- cacahuetes
- pistachos

OMEGAS

OMEGA-3 Contribuye al correcto funcionamiento del sistema circulatorio, nervioso e inmunitario, de las membranas celulares y las hormonas, mantiene sanos los tejidos, la piel y el cabello, también regula la cantidad de triglicéridos en sangre.

OMEGA-6 Útil en la salud de nuestras células y la formación de hormonas; regula la inflamación de los órganos, mantiene la salud de nuestros ojos y de nuestro pelo, previene enfermedades cardiovasculares y es bueno para nuestro cerebro y sus conexiones neuronales.

OMEGA-9 Este es el menos conocido de los tres. A diferencia de los otros, el organismo sí puede generarlo por sí mismo, pero también son recomendables los alimentos que lo contienen. Entre sus funciones están prevenir enfermedades relacionadas con el corazón y el cerebro, y regular los niveles de colesterol bajando el «malo» y aumentando el «bueno».

En la alimentación moderna hay un exceso de omega-6 respecto al omega-3 debido a las frituras industriales, precocinados, enlatados..., en los que se utilizan aceites de girasol y de maíz de baja calidad. Las estadísticas dicen que tomamos hasta 20 veces más omega-6 que omega-3, lo que puede derivar en problemas inflamatorios, artritis, enfermedades coronarias, etc. La relación saludable sería de 2 a 3 veces mayor la ingesta de omega-6 que de omega-3, pero no ¡20 veces más! Los alimentos más equilibrados en este sentido son las almendras y las nueces.

13

No debemos incluir ninguno de estos productos en nuestra alimentación habitual. Algunas alternativas para untar las tostadas son: *hummus*, tahina, tomate y aceite de oliva.

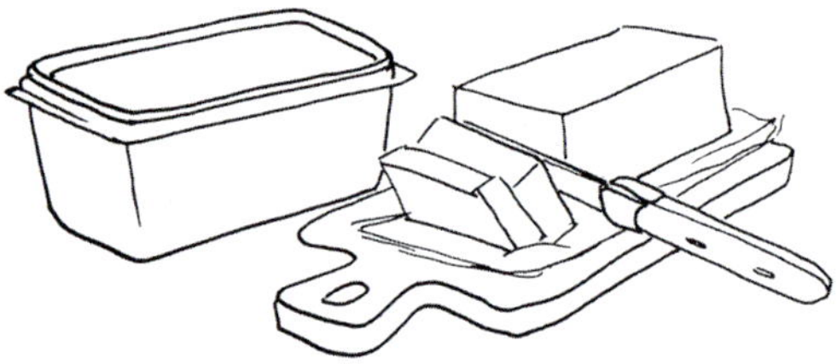

MANTEQUILLA VS. MARGARINA

MANTEQUILLA Si hay un lácteo desaconsejable, este sería la mantequilla, un producto obtenido de la grasa de la leche. Es en la grasa donde se acumulan la mayor cantidad de tóxicos. El 99 % de su composición es pura grasa, de la cual un 63 % son grasas saturadas.

Algunas marcas, para mantener su consistencia sólida a temperatura ambiente, convierten parte de estas grasas en grasas trans (muy peligrosas para nuestra salud cardiovascular) después de someterlas a diversos procesos térmicos.

Además, es en la grasa de los animales donde más pesticidas, antibióticos y tóxicos se acumulan de lo que consume la vaca. A pesar de la pasteurización, parte de estos componentes siguen activos, y cargan muchísimo a nuestro hígado y le exigen un trabajo extra para su eliminación. En las consideradas *light* generalmente solo hay una diferencia en calorías de un 20-30 %. También debemos leer sus ingredientes y ver qué aditivos se han empleado.

MARGARINA Se obtiene habitualmente de aceites vegetales sometidos a un proceso de hidrogenación para que sea sólida a temperatura ambiente y fácilmente untable. Durante este proceso, un 81 % de sus grasas se convierte en grasas trans, las más perjudiciales de todas.

Un estudio de la Universidad de Harvard afirmó que provoca una subida del colesterol «malo» y una bajada del colesterol «bueno», desembocando en dolencias cardiovasculares. La revista científica *American Journal of Public Health* publicó, tras otro estudio, que el 6 % de los fallecimientos en los Estados Unidos por problemas de corazón se debía a su consumo. Los fabricantes tomaron nota y le añadieron fitoesteroles para minimizar los efectos de las grasas trans, algo inútil, ya que los fitoesteroles se bloquean con el exceso de grasa. La mantequilla no es una opción, ya que sufre el mismo proceso de hidrogenación.

14

colaboran en la regulación del colesterol

FRUTOS SECOS, GRASAS SALUDABLES

ALMENDRAS Sin duda la reina entre los frutos secos. Deberíamos tomar todos los días 4 o 5, y sabemos que es difícil no pasarse de esta cantidad por lo ricas que están. Su alto contenido en calcio y en magnesio ayuda a mantener sanos los huesos al prevenir la osteoporosis. Son buenísimas para nuestro sistema nervioso, disminuyen la ansiedad, el estrés, la irritabilidad, el insomnio... Debido a su contenido en fósforo, son muy útiles para el correcto funcionamiento cerebral, y recomendadas para tareas intelectuales, especialmente para niños. Nos ayudan a combatir los radicales libres. Su potasio previene enfermedades relacionadas con el corazón. También por su vitamina E, son interesantes para el cuidado de la piel y del cabello. Es mejor consumirlas siempre crudas, sin tostar, sin salar y mejor con piel.

NUECES Otro fruto seco útil para todos los días; en este caso con 3 tendríamos suficientes y así aprovecharíamos sus nutrientes sin pasarnos de calorías. Se ha demostrado que disminuyen el riesgo de padecer cáncer de próstata en un 40 %, y de mama, en un 30 %. Colaboran en la buena salud de los riñones, el corazón y el cerebro, fomentando la concentración y el buen funcionamiento neuronal. Son unas de las mejores fuentes de antioxidantes, combatiendo la acción de los radicales libres y, por lo tanto, el envejecimiento celular. Además, son beneficiosas para el control de la diabetes, mejoran la fertilidad masculina y ayudan a equilibrar el sistema nervioso.

AVELLANAS Buenísima fuente de calcio para nuestros huesos. Sus ácidos grasos monoinsaturados nos ayudan a reducir el exceso de colesterol y a regular los triglicéridos. También son útiles para nuestro sistema nervioso por su contenido en vitaminas del grupo B, magnesio y fósforo. Su potasio colabora contra la hipertensión, y su ácido fólico, contra la anemia. La presencia de vitamina A, vitamina E y magnesio mejora la salud de nuestra piel. Igual que las almendras, no deberíamos tomar más de 4 o 5 al día. Os recomendamos no tomar más de dos tipos de frutos secos a diario para no pasarnos con la ingesta de grasas, que aunque sean de las saludables aportan muchas calorías.

CACAHUETES También conocido como maní. Aunque técnicamente es una legumbre, se incluye aquí porque su composición y nutrientes son similares a los de los frutos secos. Contienen resveratrol, un potente antioxidante que nos ayuda a proteger nuestro corazón. Combaten los efectos negativos del síndrome premenstrual y los sofocos típicos de la menopausia. Refuerzan nuestro sistema inmune y se han demostrado eficaces en niños con hiperactividad y falta de atención. Al ser una legumbre, es mucho más pesada que el resto de los frutos secos, ya que a diferencia de las otras legumbres que consumimos esta no va cocida, y resulta más dura para el estómago. Deben tomarse de forma muy puntual, sin tostar, sin salar y sobre todo que estén con su piel roja, ya que ahí están los mejores nutrientes, y todavía mucho mejor los que vienen con su vaina y tenemos que pelarlos.

con 4 o 5 almendras
y 3 nueces al día
ya obtendríamos todos
sus beneficios

ANACARDOS Por su contenido en cobre ayudan a mantener flexibles los vasos sanguíneos y a evitar algunos problemas cardiovasculares. De nuevo, otro fruto seco con potentes antioxidantes. Contienen una gran concentración de fósforo, ideal para nuestro cerebro. Sus fitoesteroles ayudan a que los niveles de colesterol se mantengan equilibrados. Al contrario que los cacahuetes, es muy importante consumirlos sin piel, ya que contiene una sustancia ligeramente tóxica.

PISTACHOS Nos ayudan a reducir el colesterol malo, reducen los niveles de glucosa en la sangre, y su riboflavina y luteína nos ayudan a mantener la salud ocular. Por su contenido en fibra, son recomendables contra el estreñimiento; también suponen un buen aporte de fósforo, fortalecen los músculos, etc. Las cantidades a consumir son similares al resto, y lo recomendable sería tomarlos sin salar.

PIÑONES Por su vitamina E y cinc son útiles para proteger nuestras arterias; estos dos mismos nutrientes ayudan a mejorar nuestras defensas. Su tiamina previene la fatiga crónica, y también presentan un alto contenido en fibra.

DÁTILES Por su alto contenido en fibras insolubles previenen el estreñimiento, ayudan a reducir el exceso de colesterol, mejoran nuestro sistema digestivo, son muy energizantes (útiles para deportistas), eficaces para mejorar la ceguera nocturna, y también nos ayudan a conciliar el sueño. No debemos abusar de ellos, ya que su contenido en azúcares simples es muy alto; son la mejor forma de endulzar las leches vegetales.

15

cuidan e hidratan nuestra piel

tienen gran variedad de minerales

SEMILLAS

SEMILLAS DE LINO Si las almendras eran las reinas de los frutos secos, dentro de las semillas estas son las que ocupan ese puesto. Suponen un importantísimo y equilibrado aporte de omega-3 y omega-6, pero también contienen calcio, hierro, magnesio, fósforo, potasio, cinc, vitaminas del grupo B, vitamina E, etc. Como hemos visto, sus aportes de omegas ayudan a la prevención de dolencias cardíacas, regulan el colesterol y los triglicéridos, y también contribuyen al correcto funcionamiento de nuestro cerebro y a nuestra salud ocular. Por su contenido en compuestos fenólicos, previenen el envejecimiento celular. Son muy efectivas como laxante natural. Las más habituales son las del lino dorado o del marrón. En cuanto a nivel nutricional, son muy semejantes, así que podemos tomar unas u otras.

SÉSAMO También conocido como ajonjolí. Supone un buen aporte de minerales como calcio, fósforo, hierro y magnesio. Recomendado en procesos depresivos por su triptófano y tiamina. Su riboflavina nos ayuda en la salud de nuestro sistema respiratorio. Su contenido en vitamina E ayuda a la hidratación y salud de nuestra piel. Como veis, tanto los frutos secos como las semillas tienen esta virtud.

PIPAS DE GIRASOL Sus antioxidantes mantienen a raya el crecimiento celular irregular asociado con el cáncer. Como el resto, regulan el colesterol, también fortalecen nuestro sistema inmunitario, y son útiles para las embarazadas por su ácido fólico. Además contienen fósforo, magnesio, potasio... Mejor sin sal y sin sabores raros.

PIPAS DE CALABAZA Tienen un gran aporte de magnesio, lo que nos ayuda a una correcta absorción del calcio y en la síntesis del colágeno, elemento imprescindible para la salud de nuestras arterias y el correcto latido del corazón. Nos ayudan a cicatrizar heridas por el cinc que contienen. Previenen enfermedades relacionadas con la próstata, son útiles durante la menopausia y, además, tienen propiedades antiinflamatorias.

SEMILLAS DE CHÍA Son un buen protector estomacal, regulan el colesterol en sangre, tienen un alto contenido en calcio y magnesio (minerales imprescindibles para tener una buena estructura ósea), reducen la hipertensión, relajan la musculatura... Debemos remojarlas siempre antes de consumirlas para que se forme una especie de gelatina (mucílagos), donde residen esas propiedades beneficiosas para nuestro estómago e intestinos.

SEMILLAS DE AMAPOLA Contienen múltiples nutrientes como fósforo, calcio, potasio, manganeso, cinc, cobre, selenio, vitaminas del grupo B, vitamina C o vitamina E. Son muy eficaces para el correcto funcionamiento del sistema nervioso por su contenido en alcaloides, y nos ayudan a relajarnos, prevenir el insomnio... Son, también, semillas que refuerzan nuestras defensas, controlan el colesterol y los triglicéridos.

es saludable tomar una cucharada al día de cualquiera de ellas

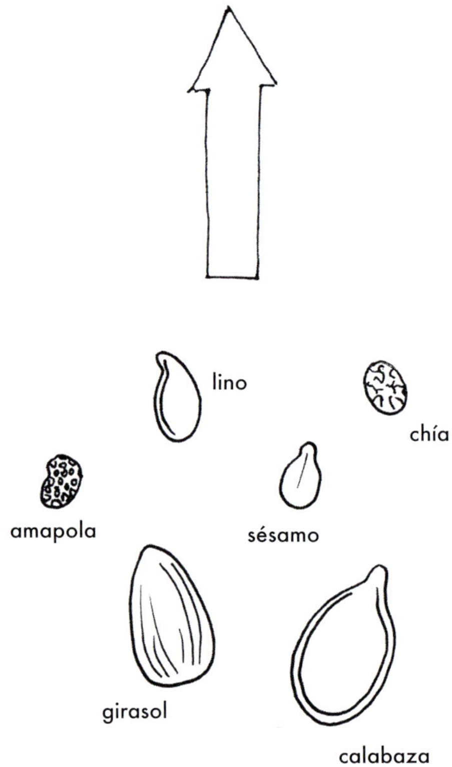

¿CUÁNDO UN ALIMENTO CONTIENE MUCHA SAL?

- mucha sal: 1,25 g por cada 100 g
- poca sal: 0,25 g por cada 100 g

¡mirad las etiquetas!

PELIGROS DEL EXCESO DE SAL

DIFERENCIAS ENTRE SAL Y SODIO La sal está compuesta de dos elementos: el sodio, en total un 40 %, y el cloruro, en un 60 %; por eso a la sal común se la conoce como cloruro de sodio o cloruro sódico. Por lo tanto, la sal contiene sodio, pero el sodio no es sal, le faltaría el cloruro para serlo. El sodio es un mineral que no solamente se encuentra en la sal, sino en múltiples alimentos como las acelgas, el apio, la remolacha, las algas... Los alimentos que más sodio contienen son las carnes, los pescados azules y los lácteos. Si tomamos sal a diario, como es lo habitual, y frecuentemente estos alimentos, casi con total seguridad superaremos los niveles adecuados. Pero esto es especialmente peligroso si consumimos alimentos procesados industriales, como hamburguesas, perritos, *snacks*, pizzas..., ya que unimos su contenido en sal a su contenido natural en sodio, una auténtica bomba de relojería para nuestra presión arterial y nuestro sistema cardiovascular en general.

El sodio interviene en múltiples funciones vitales, como el buen funcionamiento de los nervios y músculos, forma parte de los huesos, equilibra los líquidos corporales, colabora en los impulsos nerviosos...

CANTIDAD RECOMENDADA La Organización Mundial de la Salud recomienda con carácter de máximos 5 gramos de sal al día, lo que equivale a una cuchara de las de café. Mi recomendación es no llegar de manera habitual a ese máximo; lo ideal serían 2,5 gramos al día, media cucharadita. Esos 5 gramos de sal equivalen a 2 gramos de sodio, pero no os lieis demasiado calculando la sal; en el apartado dedicado a interpretar las etiquetas de los alimentos lo veremos más detalladamente. No resulta sencillo reducir la cantidad que tomamos habitualmente de golpe, ya que estamos acostumbrados a consumir muchísima, incluso cuando hay alimentos precocinados que no necesitan de ella. Podemos reducir su ingesta de forma paulatina; rápidamente nos acostumbraremos a ese sabor más natural. Si tiene poco sabor quiere decir que no es demasiado natural, estará desnaturalizado; el ejemplo más claro es el del tomate: el sabor actual de los tomates del supermercado poco tiene que ver con el de los tomates recién cogidos de la mata.

Por norma general, la media de consumo por persona duplica incluso el máximo aconsejado de 5 gramos. Igual que en el caso del azúcar, está encubierta en muchos alimentos: pan industrial, frutos secos salados, patatas fritas y otros *snacks*, la inmensa mayoría de la comida rápida, pizzas, bollería industrial, galletas, embutidos y conservas (en gran cantidad), y en la carne y el pescado, que es mejor aliñarlos con especias que con sal porque ya tienen abundante sodio.

PROBLEMAS DEL EXCESO DE SAL El abuso de sal deriva en hipertensión y enfermedades relacionadas con los riñones; puede ser causa de deshidratación en bebés y personas mayores. También colabora en problemas óseos, agrava problemas cardiovasculares, aumenta las dificultades a la hora de respirar, los pulmones trabajan más forzados... Estos son suficientes motivos para regular su consumo.

¿PUEDO VIVIR SIN TOMAR SAL? Este es un tema polémico en el que no hay consenso. Encontramos estudios a favor de no utilizarla y otros que dicen que es una locura reducir su consumo a cero. El sodio es importante para realizar muchas funciones básicas, o por lo menos contribuye a ellas. Podríamos prescindir de la sal si tomamos alimentos ricos en sodio, pero esas dietas ricas en carnes, lácteos y pescados azules no son aconsejables para nuestro sistema cardiovascular.

Mi consejo es tomar sal moderando su consumo, utilizar sal a lo largo del día sin pasarnos de los 2,5-3 gramos diarios. Como ya tomamos productos que contienen mucho sodio, deberemos moderar más su ingesta; por ejemplo, si hemos comido una hamburguesa industrial al mediodía (algo que no es muy recomendable), no le añadamos sal a la cena. Cuidado, y mucho, con las ensaladas que nos hacemos en casa, ya que nos solemos pasar con la sal sin darnos casi cuenta.

Alimentos con más cantidad de sal

sobre 100 g	sal
anchoas en aceite	9 g
berberechos	8 g
pastilla de caldo	5,4 g
jamón serrano	5 g
salmón ahumado	4,75 g
platos precocinados	3,5>6 g
queso curado	3 g
patatas fritas de bolsa	2>2,5 g

17

DIFERENTES TIPOS DE SAL

SAL COMÚN, SAL REFINADA O SAL DE MESA

Son tres nombres que se utilizan para la sal que conocemos todos, la más habitual. Su proceso de obtención consiste en quitar a la sal marina todos sus elementos salvo el cloruro sódico, es decir, el sodio y el cloruro. Es así por una extraña razón: para que luzca completamente blanca, igual que el azúcar refinado. ¡Esa manía del ser humano por el blanco impoluto! En este proceso hemos perdido todos los minerales que contiene la sal marina y, por lo tanto, es la menos beneficiosa; no quiere decir que sea perjudicial, pero no nos aporta casi nada. Sí que sería más perjudicial si para su obtención y blanqueamiento se ha sometido a procesos químicos, pero no lo sabemos ya que el fabricante no está obligado a contarnos esto. Lo mejor es pasarse a otro tipo de sales con las que no tengamos ninguna duda. Es habitual también encontrarnos la sal de mesa yodada, simplemente le han añadido yodo a la composición; en algunos países es obligatorio añadírselo por los enormes déficits de este mineral. Se puede encontrar fina, gruesa o semigruesa y que sea refinada igualmente, solo tenemos que fijarnos en lo que dice el envase.

SAL MARINA

Esta no ha sido refinada ni por sistemas mecánicos ni por sistemas químicos, por lo tanto, además de contener sodio y cloruro, presenta buenas cantidades de minerales, como calcio, potasio, magnesio o yodo, que aportan enormes beneficios. Se puede diferenciar de la común porque es algo más grisácea. Como la sal común, la encontramos fina, semigruesa, gruesa y, en este caso, también es habitual en forma de cristales o escamas.

SAL DEL HIMALAYA Muy popular en los últimos años, es una de las mejores opciones. Se obtiene de las montañas del Pakistán directamente de la roca; hay sales que se obtienen del mar, como las dos anteriores, y otras de roca, como esta. Se ha comprobado la existencia de hasta 10 minerales diferentes en ella, como potasio, calcio, magnesio, hierro, flúor, manganeso, yodo, cinc, cromo... ¡Imagínate qué fuente de salud estás tomando! Aunque sea tan beneficiosa, debes igualmente moderar el consumo por su gran contenido en sodio, como todas.

SAL NEGRA También se está popularizando mucho. Procede de unas minas situadas en la India, por lo tanto, es de roca. En ese país se usa como remedio para dolores estomacales y es conocida entre los veganos si queremos dar sabor a huevo a algunos alimentos. No tiene la cantidad de minerales que la del Himalaya; su composición es similar a la de mesa pero con unos compuestos sulfurosos que la hacen recomendable para la salud de estómago e intestinos. Mejor nos quedamos con la marina o la del Himalaya.

LA FLOR DE SAL Se obtiene de retirar las primeras capas de la sal marina. Al ser una producción escasa, el precio es elevado. Tiene forma de escamas y una mayor concentración de minerales que la sal marina. Es una buena alternativa, pero no deja de ser sal marina. No habría problema en quedarse con esta última y ahorrarse unos euros.

SAL CÉLTICA No es otra cosa que la sal marina secada de forma natural, al sol, y recolectada de manera manual: de este modo, sus minerales son más estables y sin los perjuicios de los procesos industriales.

SAL MALDON Muy popular en toda Europa, se asocia a la alta cocina. Se obtiene del estuario del río Blackwater, en Inglaterra. También se emplean técnicas tradicionales y manuales para su recolección. Su composición es similar a la sal común, aunque por su forma de escamas es muy apreciada, ya que se deshace en contacto con los alimentos calientes o los líquidos. Hay que tener cuidado con ella, ya que su pureza es mayor y tiene, por lo tanto, una cantidad más alta de sodio.

Hay que moderar el consumo de la sal por su gran contenido en sodio

18

son buenos saborizantes naturales

LAS ESPECIAS

PIMIENTA Resulta muy digestiva; aumenta las secreciones ácidas del estómago; nos ayuda a digerir las grasas; con moderación protege la mucosa gástrica, pero ojo, en exceso puede deteriorarla por irritación; debemos buscar el equilibrio, por ello no es aconsejable en personas con problemas como acidez estomacal, úlceras, gastritis... Sus flavonoides, además de ser unos perfectos antioxidantes, colaboran en mantener los niveles de colesterol en unos parámetros correctos. Su aporte de vitamina C y betacarotenos mantiene a raya el crecimiento celular y, por lo tanto, previene contra el cáncer. La pimienta negra, además, tiene una mayor concentración de nutrientes que la pimienta blanca.

PIMENTÓN Puede ser picante o dulce, depende del pimiento que se haya utilizado para su elaboración. La presencia de minerales en su composición abruma: a los 2.034 mg de potasio y los 180 mg de calcio hay que sumarles los 350 mg de fósforo, los 24 mg de hierro, pero también 6.041 ug (microgramos) de vitamina A (los ug son otra medida internacional un tanto liosa). Cierto que estas cantidades son cada 100 gramos y en un guiso utilizaremos muy poquito, pero merece la pena emplearlo habitualmente. Su licopeno, que hidrata y cuida nuestra piel retrasando su envejecimiento, también ayuda a combatir los radicales libres, estimula la circulación sanguínea y, como la pimienta, facilita la digestión, de ahí que resulte interesante su uso en guisos de legumbres, que suelen ser algo pesadas para algunos estómagos.

PEREJIL Por su contenido en vitamina C, refuerza las defensas; hace más fáciles las digestiones; es eficaz contra los gases; facilita la eliminación del exceso de líquidos; es un buen regulador del tránsito intestinal; ayuda a fortalecer uñas, cabello y piel; es eficaz contra los dolores menstruales; aumenta la producción de estrógeno; es útil durante la menopausia y favorece la absorción del hierro. No es recomendable consumirlo si tenemos problemas de riñón, ni durante el embarazo.

ORÉGANO Debido a su vitamina K y al manganeso, resulta útil para la salud de nuestros huesos y sistema circulatorio. Su timol nos ayuda a combatir ciertas bacterias perjudiciales; su rosmarínico tiene potentes efectos antioxidantes, y su carnosol nos protege frente al cáncer de colon. El orégano nos ayuda a producir saliva, con lo que mejoramos la digestión; es muy útil para hacer vahos durante la gripe; es un buen aliado contra los cólicos menstruales, y también contra los dolores musculares, la fatiga y el dolor de cabeza.

LAUREL Presenta una acción colagoga ayudando a la producción de bilis, y de este modo echa una mano a nuestro estómago en sus funciones, siendo un potente remedio contra los gases. Gracias a su cineol y canfeno, es recomendable en problemas respiratorios como bronquitis, tos, faringitis... En forma de vahos o en infusión, regula las menstruaciones demasiado abundantes. Su ácido linoleico mejora la circulación, y contribuye a aliviar el dolor producido por enfermedades reumáticas.

ALBAHACA Como estamos viendo, casi todas las especias ayudan a nuestro estómago y mejoran las digestiones; de ahí su utilidad en todas las comidas. La albahaca no iba a ser menos. En infusión, calma la gastritis, la hernia de hiato y el flato. Muy útil cuando tenemos náuseas, mareos o pesadez intestinal. También refuerza nuestro sistema inmunológico, arma a nuestras defensas, y es muy adecuada para la buena circulación sanguínea. Es especialmente eficaz contra las llagas en la boca; podemos hacer una infusión con unas cuantas hojas y enjuagarnos la boca con ella una vez fría.

MENTA El hígado nos agradece su consumo, pues le ayuda en su trabajo; también colabora en la producción de bilis, un extra que el estómago agradece cuando comemos. Su contenido en taninos relaja nuestros intestinos cuando hay problemas por irritación. Su efecto carminativo neutraliza los gases. Es eficaz durante procesos catarrales, bien en vahos o en infusiones.

Deben utilizarse con moderación, pueden irritar la mucosa gástrica y cargar el hígado

19

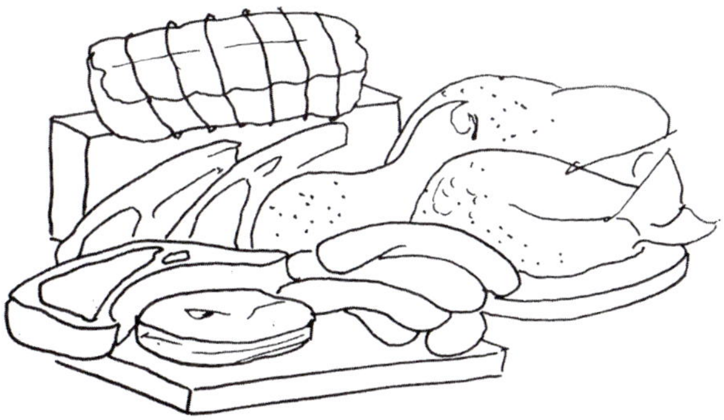

EXCESO DE CARNE, UN PROBLEMA

Cada español toma de media 51 kg de carne al año, 140 gramos al día. 50 gramos de carne roja y 35 gramos de carne procesada sería el máximo.

La Organización Mundial de la Salud advierte que el consumo diario de 32 gramos de carne roja aumenta un 18 % las posibilidades de padecer cáncer. En España, casi se triplica la ingesta recomendada de la OMS. No deberíamos comer más de un tercio de filete de ternera al día (unos 130 gramos).

recuerda

1 No hace falta incluir proteínas animales en todos los platos. **2** Priorizar la carne de ave (pollo o pavo) frente a la carne roja (ternera, cordero, cerdo y caza). **3** Las proteínas vegetales deben representar el mayor aporte de proteínas frente a las animales. **4** Evitar las carnes procesadas tipo hamburguesas industriales, platos precocinados, todo tipo de embutidos... **5** Si algo en nuestra cesta de la compra debería ser ecológico eso es la carne, para controlar su alimentación y eliminar el exceso de medicamentos que les proporcionan.

LOS EMBUTIDOS, FUERA Sin duda, dentro de la carne, el peor producto que podemos consumir son los embutidos, una auténtica amenaza para nuestras arterias y para la salud de nuestro corazón. Son los alimentos que mayor cantidad de grasas saturadas contienen, lo que aumenta el colesterol «malo» bloqueando la acción del colesterol «bueno». Por ejemplo, en el chorizo o el salchichón, un 14 % de su peso es grasa saturada, ¡una auténtica barbaridad! Otro de sus mayores inconvenientes es su alto contenido en sodio y sal; una ración de lomo, chorizo, salchichón o jamón serrano cubre con creces la recomendación diaria de la Organización Mundial de la Salud, lo que se puede traducir en problemas de hipertensión, cardiovasculares, etc. También sus niveles de colesterol son muy elevados. Además es un alimento sin apenas minerales y vitaminas, así que no merece la pena ingerir este tipo de alimentos únicamente por sus proteínas o por su sabor.

PROS

- fácilmente digeribles por el organismo
- proteínas 100 % completas
- su hierro se absorbe bien

CONTRAS

- el maltrato animal que conlleva
- ricas en grasas saturadas
- alto índice de colesterol
- gran cantidad de purinas que afectan a los niveles de ácido úrico

20

EL PESCADO Y EL MERCURIO

EL MERCURIO Y OTROS METALES PESADOS

Sin duda, la contaminación de los océanos está pasando factura muy claramente en las últimas décadas a su ecosistema, debido principalmente a la actividad industrial, a los vertidos sin control o a leyes muy permisivas. Por todo esto, han acabado en nuestros mares sustancias contaminantes nada recomendables, principalmente el mercurio, el cadmio y los furanos. Algunos de ellos se relacionan directamente con enfermedades muy habituales en la actualidad, como la hipertensión arterial o los desajustes hormonales.

El Ministerio de Sanidad de España recomienda evitar las especies más contaminadas con mercurio, como pez espada, tiburón, atún rojo y lucio. Si tomamos, por ejemplo, 100 gramos de pez espada a la semana superaríamos el máximo recomendado de mercurio. Este elemento puede causar trastornos, principalmente, en el sistema nervioso. Hay que tener especial precaución durante el embarazo, ya que ese mercurio atraviesa la placenta y puede afectar al feto, y también en niños.

¿Esto significa que es mejor el pescado de piscifactoría? La respuesta es no. Los animales de piscifactoría están en piscinas con muy poco espacio para moverse, lo que significa que harán mucho menos ejercicio que en libertad, por lo tanto, los niveles de grasas saturadas y colesterol aumentarán. Además, tendríamos que saber muy bien qué tipo de alimentos les suministran, porque muchas veces son piensos realizados con los desechos de pescados de mar, que, por lo tanto, también presentarán los inconvenientes del mercurio.

el pescado en comparación con la carne...

1 El pescado contiene menos cantidad de grasas saturadas. **2** Presenta menos calorías, más o menos la mitad, dependiendo del pescado. **3** Tiene cantidades similares de colesterol. **4** Contiene ácidos grasos saludables como omega-3, prácticamente inexistente en la carne. **5** Tiene menor cantidad de proteínas; en algunos casos, la mitad. **6** Contiene prácticamente la misma cantidad de hierro.

CANTIDADES RECOMENDADAS La Agencia Europea de Salud Alimentaria recomienda tomar 1 o 2 veces a la semana pescado y no más de 3 o 4 a la semana. Su consumo moderado se ha asociado con un menor riesgo de mortalidad por enfermedad coronaria en adultos y con un mejor desarrollo neuronal en niños. Igualmente, añaden que no se observan ventajas adicionales al comer más pescado.

Suelen recomendar comer pescado por su omega-3, que también lo podemos encontrar en frutos secos, semillas, aceite de oliva y aguacate.

Entre los pescados más saludables están los blancos, como bacalao fresco, merluza, gallo, pescadilla, dorada..., y de los azules solamente nos quedaríamos con el boquerón y la sardina.

LAS LATAS DE ATÚN Y LOS PROCESADOS Uno de los alimentos más habituales y que desaconsejamos es el atún enlatado, porque es uno de los que más mercurio almacena; también por la calidad del pescado que se selecciona para este enlatado para mantener los precios, por los aceites que se utilizan y sobre todo por la cantidad de sal. Está claro que hay conservas de pescado de enorme calidad, con aceite de oliva virgen extra y buenas partes del pescado; lo notaréis sobre todo en su precio, que es muy diferente a las latas del supermercado.

La sección de congelados está repleta de multitud de paquetes con pescado elaborado de mil formas, lleno de conservantes, rebozados, grasas saturadas, aceite de palma... Además, suelen ser productos para freír, con lo cual aumentamos todavía más esa carga de aceites saturados. Y de nuevo, lamentablemente, sus mayores consumidores son los niños.

PESCADOS CON MUCHO MERCURIO

- pez espada
- tiburón
- atún
- caballa
- blanquillo
- mero

PESCADOS CON POCO MERCURIO

- merluza
- sardina
- calamar
- rodaballo
- salmón
- lenguado

21

uno de los alimentos naturales que más colesterol presenta

tiene cantidades de calcio

HUEVOS

contiene proteínas completas

debemos escoger siempre los del número 0, ya que son de gallinas criadas al aire libre con alimentos ecológicos. Nunca el número 3, que proceden de gallinas enjauladas y maltratadas. No debemos abusar de las claras de huevo, apenas contienen minerales y vitaminas. Su avidina interfiere en la correcta absorción de varias vitaminas del grupo B.

no tomaría más de 2 a la semana, olvídate de aquello de 1 huevo al día

BEBIDAS

¿QUÉ CANTIDAD DE AGUA BEBER?

Si hay un elemento fundamental para la vida ese es el agua; sin agua en pocas horas nuestro organismo dejaría de funcionar a causa de la deshidratación. No en vano, cuando nacemos ni más ni menos que el 75 % de nuestro cuerpo es agua; de adultos perdemos algo de esa cantidad (65 %).

por todo esto es importantísima:

1 Colabora en el buen funcionamiento de nuestras células. 2 Ayuda a eliminar posibles tóxicos, pero también virus y bacterias perjudiciales. 3 Interviene en la expulsión del exceso de minerales, vitaminas... 4 Tiene una función amortiguadora en las articulaciones, como una especie de colchoncito. 5 Lubrica el sistema digestivo protegiendo sus mucosas. 6 Regula la temperatura corporal. 7 Contribuye a reparar los tejidos. 8 Previene el estreñimiento y facilita la limpieza intestinal. 9 Y un largo etcétera.

¿CUÁNTA CANTIDAD EXPULSAMOS AL DÍA?
1 litro y medio por la orina + de 100 a 150 mililitros por las heces + casi 1 litro por la sudoración (más si hacemos ejercicio) + algo por la respiración = más de 2,5 litros al día, que es lo que tenemos que reponer.

ENTONCES, ¿CUÁNTOS LITROS TENEMOS QUE BEBER AL DÍA? Alrededor de 1 litro del agua que necesitamos proviene de los alimentos. Las frutas y verduras tienen entre un 85-97 % de agua; por ello, deben ser parte fundamental de nuestra dieta. En el proceso de digestión se liberan unos 250 ml. Sin necesidad de beber ya tendríamos 1 litro y cuarto.

Con estos datos tendríamos que beber 1,5 litros de agua y podrías tomar hasta 2,5 litros con tranquilidad. No debemos abusar del agua, ya que estaríamos cargando de trabajo a los riñones.

El mejor indicativo de que necesitamos agua es la sed, así que no debemos esperar mucho tiempo desde que tenemos esta sensación hasta beber.

23

CAFÉ, PROS Y CONTRAS

Si alguna vez hemos dicho "sin mi café de por la mañana o por la tarde no soy persona", entonces debemos replantearnos su consumo; la cafeína también provoca adicción.

CANTIDADES MÁXIMAS RECOMENDADAS La recomendación general es no tomarlo, pero aun así y siendo un hábito difícil de quitar, no deberíamos superar los ¾ de taza de café solo; mucho mejor si la repartimos a lo largo del día, no en una única ingesta para no descolocar demasiado el sistema nervioso. No os aconsejamos tomarlo más allá de las 5 de la tarde, sobre todo si se padece de insomnio.

Ya que lo tomamos, hay que buscar un buen café, lo más natural posible, para cuya obtención se sigan procesos mecánicos y no químicos. Actualmente, hay buenas tiendas en todas las ciudades para comprarlos, mejor olvidarse de los industriales, de las grandes marcas de los supermercados. Como alternativa saludable, está el café de cereales; preguntad en tiendas ecológicas. Otros excitantes naturales son el guaraná y el ginseng, pero tampoco debemos abusar de ellos.

En cuanto al descafeinado, comprobad que su obtención sea mecánica, ya que en la mayoría de los casos también sufre diversos procesos químicos, que dejan residuos, para retirar la cafeína.

SU RIESGO COMO LAXANTE Mucha gente lo toma a modo de laxante y no es recomendable. Sí, se consigue ir al baño, pero por una irritación de la flora intestinal, lo que a la larga puede tener serias complicaciones: el cerebro puede acabar asociando ir al baño con tomar café, y si no se toma costará cada vez más ir y se entrará en un bucle que puede acabar en estreñimiento crónico. Es mejor tomar semillas de lino molidas en el desayuno, que aportan una gran cantidad de fibra y no tienen los efectos nocivos del café.

NADA RECOMENDABLE EN CASOS DE...

- insomnio
- acidez estomacal
- cistitis
- úlceras
- dolencias relacionadas con el sistema nervioso (depresión, trastorno bipolar, etc.)
- hipertensión
- alteraciones intestinales
- habrá que vigilar las cantidades especialmente en el embarazo y la menopausia.

PROS

- contiene una buena cantidad de antioxidantes
- algunos estudios apuntan a sus efectos neuroprotectores
- disminuye el riesgo de gota
- cardioprotector en pequeñas dosis

24

TÉ, ¿SÍ O NO?

beneficios

1 Menos poder excitante que el café, menos cafeína. **2** Contiene buenas cantidades de flúor que, en su medida, protege nuestros dientes. **3** Presenta taninos, que ayudan a fortalecer estómago e intestinos. **4** Tiene gran cantidad de antioxidantes, preventivos del cáncer.

contraindicaciones

1 Alteración del sistema nervioso, aunque en menor medida que el café. **2** Dificulta, de forma general, la absorción del hierro; por eso está bien alejarlo de las comidas principales y esperar 30 o 60 minutos después de cada ingesta. **3** No recomendado para hipertensos. **4** Hay que vigilar su consumo durante el embarazo.

Deben utilizarse con moderación, pueden irritar la mucosa gástrica y cargar el hígado

ROOIBOS, UNA BUENA ALTERNATIVA Una alternativa saludable al té, además de muchas otras infusiones, es el rooibos. No es exactamente té, ya que se obtiene de otro tipo de plantas, pero por su sabor y beneficios pueden ser comparables. Tiene cero excitantes, por lo tanto, aprovechamos sus efectos positivos y no los negativos. Además, hay una enorme variedad de sabores.

TÉ VERDE DE 3 AÑOS, EL MÁS COMPLETO El mejor té que podemos consumir es el té verde de 3 años, originario de Japón. Ya se puede encontrar en muchos comercios especializados, herbolarios, tiendas ecológicas... Se prepara con las ramas (*kukicha*) o con las hojas (*bancha*) de la planta (*Camellia sinensis*) donde ha estado 3 años, de ahí su nombre. Apenas contiene teína, presenta alta concentración de antioxidantes, poder antiinflamatorio, y es de las pocas bebidas recomendables después de comer, ya que neutraliza la acidez, tonifica nuestros intestinos y es diurético... Además, es el mejor antídoto contra las agujetas.

CANTIDADES

- no más de 1 taza de té negro al día
- hasta 2 tazas si se trata de té verde
- hasta 3 tazas de té rojo o blanco

RECETA

en una taza con agua hirviendo ponemos una cucharadita y lo dejamos cocer 4 o 5 minutos.
Lo podemos tomar caliente o frío a lo largo del día

25

LÁCTEOS, NO SON OBLIGATORIOS

Por mucho que lo diga y lo repita la industria, la televisión e incluso algunos médicos, la leche no es obligatoria y mucho menos las 3 raciones que se aconsejan al día; es un alimento más, pero perfectamente sustituible por otros.

LOS LÁCTEOS Y EL CALCIO Nos bombardean diariamente desde todos los medios de comunicación con el calcio, su déficit, su peligro... Aunque es cierto que es uno de los «males» en la actualidad, cada vez más instituciones internacionales no ven evidencia de que una alta ingesta de lácteos esté relacionada con una mejor salud de los huesos o con la prevención contra la osteoporosis; así lo afirma la Universidad de Harvard, que realizó un estudio con casi 80.000 mujeres durante 12 años. En China, Japón... hasta hace muy pocas décadas la leche era un producto que no tomaban, que existía en pequeñas zonas rurales. Por la globalización actual, la leche cada vez está más presente en sus hogares, y también la osteoporosis. La Universidad de Oxford estudió la incidencia de la introducción de este alimento en China y Taiwán y concluyó que los casos de osteoporosis desde 1991 hasta 2014 habían crecido considerablemente hasta niveles preocupantes para una enfermedad que era prácticamente inexistente en estos países con anterioridad.

Por lo tanto, resulta complicado afirmar que los lácteos sean la mejor fuente de calcio.

NO SOLAMENTE DE CALCIO VIVE EL HUESO

Para la salud de nuestros huesos no necesitamos solamente el calcio, ya que para que este se fije correctamente debemos presentar buenos niveles de vitamina D, y la mejor forma de obtenerla es exponiéndonos al sol sin protección durante 10-15 minutos al día; que nos dé en cara y brazos, mejor evitar las horas centrales, y pasados estos minutos deberemos utilizar protección.

También necesitamos las cantidades correctas de fósforo, que encontramos en todo tipo de semillas, piñones, almendras, pistachos, avellanas, arroz integral, alubias, cereales integrales... Y de magnesio, presente en buenas cantidades en plátanos, aguacate, quinoa, sésamo, pipas de girasol, avena, alubias, espinacas, perejil, avellanas o almendras.

En general, con una dieta rica en verduras de hoja verde, cereales integrales y legumbres tendríamos cubiertas las necesidades de calcio. Si tenemos dudas, como a veces ocurre si damos el paso al veganismo, podemos tomar bebidas vegetales enriquecidas con calcio, aunque no son necesarias. Si aun así deseamos seguir tomando lácteos, algo que no recomendamos, que sea únicamente 1 ración al día.

9 alimentos vegetales con más calcio que la leche:

	por 100 g
semillas de amapola	1450 mg
sésamo	975 mg
tahina (pasta de sésamo)	430 mg
col "kale", rizada o berza	344 mg
almendras	252 mg
higos secos	200 mg
alubias blancas	175 mg
garbanzos	143 mg
coles en general (repollo, lombarda...)	139 mg

La leche de vaca presenta 124 mg de calcio por cada 100 ml.

QUESO El curado presenta un elevado aporte calórico (casi 500 calorías cada 100 gramos) y un exceso de grasas saturadas (casi 20 gramos cada 100, la carne de cerdo magra no llega al 3 %). El queso fresco contiene 9 gramos, lo que sigue siendo elevado. El mayor problema de este alimento, en general, son sus elevadísimas cantidades de sodio, entre los 660 mg y los 1.200 mg, dependiendo de la variedad. Con una ración de 100 gramos de queso estaríamos cubriendo las cantidades de sodio recomendadas por la OMS en todo el día; además, en muy poco tiempo, lo que dure el bocadillo o el aperitivo, algo nada recomendable.

YOGUR/KÉFIR Al ser productos fermentados tienen una ventaja: la lactosa se convierte en ácido láctico y ya no es tan perjudicial para nuestro organismo, por lo que son mucho más digestivos. En los quesos, aunque estén curados, la lactosa no se transforma en ácido láctico, sino en glucosa y galactosa. Hay que apuntar que no todo el ácido láctico es asimilable por el organismo; así, uno

> Dentro de los lácteos, la mejor opción es el yogur o el kéfir

de sus componentes, la levógira, no puede ser eliminada a través de la defecación y debe serlo por la orina, lo cual supone un trabajo extra para los riñones.

Aunque os recomendamos dejar completamente los lácteos, si nos resistimos a ello, la mejor opción es el yogur o el kéfir (producto lácteo fermentado mediante hongos y bacterias), ya que contiene *Lactobacillus bifidus*, beneficiosos para la salud de nuestros intestinos.

Es importantísimo que sean de calidad y mucho mejor ecológicos; los industriales que llenan las neveras de los supermercados suelen estar repletos de azúcares simples que harán que todos sus beneficios se pierdan, pues si algo es perjudicial para los intestinos es el azúcar refinado.

cada 100 g	calorías	grasas saturadas	sodio
queso curado	476	36 g	670 g
queso fresco	310	9 g	1200 mg
queso de cabra	467	25 g	790 mg
queso de oveja	487	27 g	660 mg

26

BEBIDAS VEGETALES

Lo primero que tenemos que señalar es que nutricionalmente no son sustitutivas de la leche de vaca; son alimentos diferentes, con diferentes composiciones. Lo que sí sustituyen es el hábito de tomar un líquido blanco durante el desayuno y también tienen buenos niveles nutricionales. Si lo que nos preocupa es el calcio, hay buenas opciones de bebidas vegetales enriquecidas con él.

importante mirar en las etiquetas

LA CANTIDAD DE CEREAL, fruto seco, legumbre... que contiene. Hay marcas, las más conocidas, que solamente contienen un 2 % de almendras, por ejemplo. Sería una cantidad muy pequeña; deberíamos procurar que como mínimo presentaran un 5-7 %. En las de avena, mínimo un 10%. LA CANTIDAD DE AZÚCAR. Lo mejor es buscar aquellas que no lleven azúcares añadidos; si en la lista de ingredientes aparece la palabra azúcar es que lleva azúcar refinado añadido.

BEBIDA DE SOJA Ya hemos hablado de ella en el apartado dedicado a la soja. La podemos tener como opción puntual, pero no para tomarla a diario; mejor optar por las de avena o almendras.

BEBIDA DE AVENA De las mejores leches vegetales que se pueden consumir, junto con la de almendras, por su buen aporte de nutrientes y beneficios. Aporta carbohidratos complejos, es rica en proteínas, potasio, calcio, hierro, magnesio... Al contener ácido linoleico, avenasterol y lecitina, es altamente recomendable para reducir el exceso de colesterol y en problemas cardiovasculares. Su avenina ayuda al buen funcionamiento de nuestro sistema nervioso, colaborando en combatir el insomnio y la ansiedad. Por su contenido en fibra y betacarotenos, nos ayuda a regular el tránsito intestinal, evitando diarreas o estreñimiento, a tonificar nuestro estómago y prevenir la gastritis. Además, es un cereal muy energético, ideal para el desayuno por la presencia de cinc, magnesio y potasio. También es conocida como la leche de la piel, ya que su buen aporte de vitamina E la mantiene sana e hidratada.

BEBIDA DE ALMENDRAS Tiene un altísimo contenido en calcio y magnesio que ayuda a mantener los huesos fuertes. Su aporte de triptófano la hace útil para regular nuestro sistema nervioso en casos de estrés, ansiedad, irritabilidad, insomnio... Debido a su alto contenido en fósforo, que favorece el correcto funcionamiento cerebral, es muy recomendada para tareas intelectuales y especialmente en niños. Su manganeso y cobre nos aportan energía y nos ayudan a combatir los radicales libres; una buena bebida para deportistas. Además, se recomienda contra la anemia, el cuidado de piel, uñas y pelo.

BEBIDA DE ALPISTE Contiene vitaminas del grupo B, vitamina E, calcio, magnesio, cinc, manganeso, omega-6, omega-9... Por su contenido en lipasa y en niacina, nos ayuda a metabolizar mejor las grasas; por ello, es aconsejable en dietas de adelgazamiento y para el control del colesterol. Sus enzimas nos ayudan en el proceso digestivo, además de proteger nuestro hígado y páncreas. También actúa contra la retención de líquidos.

BEBIDA DE AVELLANAS Su alto contenido en fósforo la hace interesante para trabajos intelectuales, para la memoria, el aprendizaje; es una buena leche para niños. Su magnesio nos ayuda en la relajación muscular, y esto, unido al potasio, la convierte en útil para los deportistas. Además, ese mismo magnesio ayuda a prevenir enfermedades cardiovasculares. Por sus vitaminas A, C y E, nos ayuda contra el envejecimiento prematuro de la piel y su ácido fólico ayudará a las embarazadas en la formación del feto. Aunque es saludable y muy nutritiva, no es una leche para tomar a diario, ya que es muy pesada y de las que más calorías contienen.

BEBIDA DE ARROZ Muchísimo mejor que sea de arroz integral. El arroz blanco, como vimos, no supone un aporte especial de minerales. Resulta bastante digestiva y si es integral presenta una gran variedad de minerales y vitaminas del grupo B.

27

1 lata = 6 cucharaditas de azúcar

hiperglucemia asegurada

¿POR QUÉ NO TOMAR REFRESCOS?

datos relevantes

1 Dificultan la absorción del calcio por su enorme cantidad de fósforo, propio de las bebidas carbonatadas. **2** Aumentan el riesgo de obesidad y sus problemas cardiovasculares asociados. **3** Íntimamente ligados al riesgo de diabetes tipo 2. **4** Relacionados con el aumento de caries. **5** No tiene sentido introducir esa cantidad de gas en nuestro organismo. **6** Nunca deberían ser una opción para sus mayores consumidores, los niños.

¿Y QUÉ PASA CON LOS *LIGHT*? Una marca puede incluir el título *light* en su envase si ha reducido la carga calórica en un 30 % respecto al producto original; por lo tanto, hay un tercio menos de calorías, pero esto no significa que los ingredientes empleados sean más saludables que en el original y seguiría siendo una gran cantidad de azúcar. Igual pasa con los «cero», puede que hayan retirado el azúcar, pero los ingredientes serán prácticamente los mismos.

Se emplean en su producción saborizantes, como el aspartamo y el ciclamato sódico, aditivos sobre los que hay serias dudas sobre su conveniencia y que están prohibidos en varios países, ya que se relacionan con un mayor riesgo de cáncer. Además, un consumo habitual de este tipo de refrescos, con un sabor dulce artificial, puede cambiar la percepción del gusto a largo plazo, apeteciéndonos más productos dulces.

Un reciente estudio de la Universidad de Calgary ha determinado que el aspartamo afecta a la flora intestinal, a la salud de la microbiota, y que la sucralosa (otro edulcorante artificial) se carga parte de la microbiota e impide la absorción de algunos nutrientes.

28

BEBIDAS ENERGÉTICAS, UN PELIGRO

Son todas aquellas pensadas para retrasar el sueño. Esto lo consiguen por sus enormes cantidades de cafeína, que pueden llegar a superar la que contienen 3 tazas de café, tomándolas en apenas unos minutos. Una auténtica bomba para nuestro organismo.

A esto debemos sumar su enorme cantidad de azúcar, entre 11-16 gramos por cada 100 gramos, principalmente sacarosa y glucosa.

Además, contienen taurina, que producida por nuestro organismo de forma natural no tiene consecuencias, pero diferentes estudios han demostrado la relación del exceso de taurina sintética con problemas sobre todo cardiovasculares; de ahí que en países del norte de Europa se haya prohibido su utilización.

EFECTOS SOBRE EL CORAZÓN Un estudio de la Universidad de Bonn comprobó que el consumo de cafeína y taurina afecta a la contracción del corazón y puede derivar en arritmias. No son bebidas para personas con problemas cardíacos.

CON ALCOHOL, MUCHÍSIMO PEOR Se ha puesto de moda consumirlas con alcohol con la falsa creencia de que este subirá menos o nos mantendremos más despiertos. Entre otros efectos de esta mezcla están las arritmias, las palpitaciones, el aumento de la presión sanguínea, el nerviosismo... Además, afectan a la coordinación motora y dan una sensación de seguridad que es un peligro para aquellas personas que las toman para poder conducir después de una noche de fiesta.

¿POR QUÉ NO TOMAR BEBIDAS ISOTÓNICAS SI NO SOMOS DEPORTISTAS?

Tomar bebidas isotónicas se ha convertido en una costumbre habitual incluso en las personas que no hacen deporte; en muchas ocasiones, pensando que se trata de una opción más sana que tomar un refresco.

Estas bebidas isotónicas están preparadas para recuperar el cuerpo tras grandes esfuerzos físicos. Destinadas a deportistas, tratan de reponer los azúcares y los minerales que se han perdido por la sudoración tras alguna práctica deportiva.

En este sentido, tampoco está de más recordar que existen alternativas 100 % naturales para que los deportistas recuperen los nutrientes perdidos sin ingerir un exceso de azúcar. Una de las soluciones más nutritivas tras hacer deporte es el plátano, pero también podemos tomar otras frutas como el melón, los dátiles, la naranja o la sandía, los frutos secos e hidratarse con agua con el zumo de medio limón.

EL EXCESO DE MINERALES Y AZÚCARES

Tomar bebidas de este tipo aportará una gran cantidad de azúcares simples que si no los quemamos haciendo ejercicio es muy probable que el cuerpo los acumule como grasas, además de aumentar nuestro riesgo de diabetes, hígado graso y otras dolencias.

Si tomamos una bebida isotónica porque pensamos que es más saludable que el resto de los refrescos o que nos ayudará a adelgazar, estamos totalmente equivocados. Una lata de la marca más conocida contiene más de 19 gramos de azúcares simples.

Otro problema viene del exceso de minerales. Tras hacer ejercicio físico intenso, podemos necesitar recuperar los perdidos, pero solo en ese caso. Si llevamos una dieta equilibrada, ya estamos tomando los minerales que necesitamos en nuestra alimentación. Los minerales en exceso pueden provocar problemas en los riñones y en el hígado, que tienen que expulsar los sobrantes, y generan una sobrecarga.

Las bebidas isotónicas no son más saludables que los refrescos

INGESTAS

28

¿A QUÉ HORA COMER?

Aunque hay algunos nutricionistas que esta cuestión no la tienen en cuenta, parece ser fundamental conocer cuál es el ritmo de nuestro organismo; es lo que se conoce como *ritmo circadiano* o *ritmo biológico*, es decir, cómo el horario influye en nuestro tiempo biológico a lo largo del día. Debemos tener en cuenta cuándo nuestro cuerpo tiene más energía, más potencia, y cuándo se relaja dependiendo de la hora, lo que está muy asociado a la luz solar.

¿ES PARA TODOS IGUAL? Hay mucha gente que dice que todo esto depende de cada persona, de sus costumbres, de sus horarios personales... Pero no es del todo así, algo influye, y la biología y la naturaleza del ser humano se imponen. Pensemos que los actuales ritmos de vida están instaurados hace pocas décadas; por ejemplo, la luz eléctrica se inventó a finales del siglo XIX y en España no llegó a la mayoría de las casas hasta los años cuarenta o cincuenta del siglo XX, hace nada. Antes de esto, la forma de iluminarse era muy precaria. ¿Qué ocurría entonces? Pues que seguíamos, como la inmensa mayoría de los animales, la luz solar: levantarse al amanecer y acostarse al atardecer o un poco más allá. Sin duda, era raro que alguien, estando en casa, se acostara a las 12 o la 1 de la madrugada, como es la costumbre habitual actualmente. Con la llegada de la televisión a partir de los años sesenta o setenta a todos los hogares, se impusieron nuevos horarios, que tampoco son los de ahora; hasta principios de los años noventa del siglo pasado (hace poco más de 20 años), a las 11 de la noche se terminaba la programación televisiva y aparecía la famosa carta de ajuste.

¿QUÉ QUIERE DECIR ESTO? Que en nuestro ADN llevamos impreso desde hace miles de años que el cuerpo se activa con la luz solar y se «desactiva» con la llegada del atardecer, reduciendo muchísimo su actividad por la noche. No sirve decir que cada cuerpo tiene un ritmo; el ser humano está «construido» para producir de día y descansar de noche. No se pueden borrar en unas pocas décadas millones de años de evolución. Cierto que los hábitos actuales, llenos de estrés y de horarios imposibles, nos hacen muy complicado seguir estos ritmos; hemos creado una forma de vida difícilmente compatible con nuestra biología. No nos tenemos que agobiar con este asunto; si no podemos ceñirnos a estos horarios no debemos martirizarnos por eso y, cuando podamos, aprovecharemos mejor los nutrientes, seremos más efectivos en nuestras tareas y estaremos más en paz con nuestro organismo porque no lo estaremos forzando tanto.

estos horarios circadianos serían:

A PARTIR DE LAS 7:30 H se deja de producir melatonina, que es la encargada del sueño, es decir, es hora de levantarse. Sobre las 7 horas se registra la mayor presión sanguínea, por eso mucha gente tiene la tensión alta, palpitaciones... a esta hora. SI SE VA AL BAÑO SOBRE LAS 8-8:30 H, lo estamos haciendo muy bien porque es cuando nuestro intestino grueso se comienza a reactivar y necesita evacuar ENTRE LAS 10-11 H se alcanza nuestro nivel máximo de «lucidez», de energía; por ello, se aconseja comer fruta a esta hora, a media mañana, porque tendremos más capacidad para no almacenar sus azúcares y aprovechar sus nutrientes. En esta hora estamos imparables. ENTRE LAS 12-13 H momento perfecto para el almuerzo, la comida del mediodía, porque todavía tenemos esa fuerza de media mañana para la digestión y nos quedan muchas horas que llenar de energía. A LAS 17 H recordemos lo del té inglés. Nuestro corazón, músculos y estómago están en un buen momento para la merienda. En muchos países se cena a esta hora, pero no pedimos tanto: algo ligero, una infusión, una fruta, un zumo de verduras, una pequeña tostada con aguacate... ENTRE 19-20 H se suele alcanzar la mayor temperatura corporal, hora perfecta para la cena. Nuestro organismo sigue a tope, es capaz de realizar una buena digestión, y esa temperatura nos ayuda a no acumular nutrientes indeseables como la grasa. A PARTIR DE LAS 21 H comenzamos a segregar melatonina, que nos prepara para el sueño, para ir a la cama. A LAS 22:30 H el movimiento intestinal se reduce considerablemente, así que cuidado con las recenas a partir de esta hora, son las que nos hacen dormir mal o aumentar de peso. ENTRE LAS 22:30-23:30 H es el mejor intervalo para irnos a la cama, siempre que dejemos al menos 2 horas desde la última comida.

Podemos variar estos horarios en 30-40 minutos, aunque no conviene saltárselos demasiado. Ya sabemos que en España somos un caso diferente, que llevamos unos horarios muy desfasados, que en verano tenemos muchas horas de luz..., pero sería un buen hábito modificar los horarios; solamente hay que mirar a nuestros países vecinos.

30

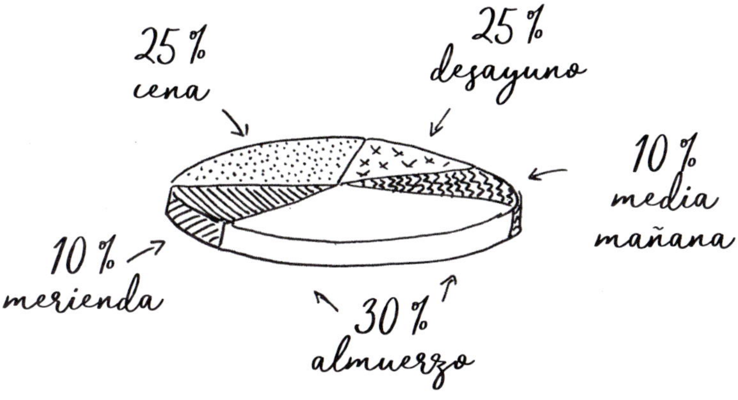

¿CUÁNTAS VECES COMER AL DÍA?

Al explicar anteriormente los ritmos circadianos hemos hablado de cinco comidas al día: desayuno, media mañana, almuerzo, merienda y cena. Lo recomendable es realizar estas cinco comidas a diario y no saltarse ninguna porque todas tienen su importancia; aunque no es una obligación. Si comemos tres veces al día también estaremos completamente sanos si nuestra alimentación es la correcta.

Una de las principales razones de esta recomendación es que si pasamos muchas horas sin comer (desde las 7 h en que nos levantamos hasta las 14 h en que almorzamos), y si a este largo tiempo sin ingerir ningún alimento le sumamos que la mayoría de la población desayuna un café con galletas o una tostada porque no les «entra» más, son muchísimas horas en ayunas.

Si pasamos horas sin comer, es más fácil que nos pasemos de la cuenta cuando tengamos el plato en la mesa o cuando estemos cocinando; muchas veces devoramos. Nos ocurre a todos. Pero si tenemos esa fuerza de voluntad y no nos pasamos, no hay ningún problema en comer esas tres veces al día solamente.

También eliminamos el picoteo. Si hacemos cinco comidas, será menos probable que queramos ir a la nevera constantemente y no tendremos hambre a cada rato; si es así quizás tenemos que pensar en la ansiedad que sentimos por la comida.

Seguro que algunos pensáis que si comemos tantas veces engordaremos más porque estamos consumiendo muchas calorías, pero la idea no es esa, sino repartir la cantidad de comida diaria, la cantidad de calorías, en varias veces, el mismo número de calorías pero no en tres sino en cinco ingestas.

31

DESAYUNOS DE CAFETERÍA, POCO RECOMENDABLES

Cuando hablamos de desayuno de cafetería nos referimos al que se conoce también como continental, compuesto por café con leche, tostada con mantequilla y mermelada o pieza de bollería y zumo de naranja. Es decir, el que encontramos prácticamente en todos los aeropuertos y hoteles del mundo. Precisamente su nombre y su popularización surgen en los hoteles de los Estados Unidos, que para atraer a turistas europeos copiaron el típico desayuno francés, sustituyendo los embutidos por la bollería. A mediados del siglo xx ya se había extendido por todo el mundo anglosajón, pero en España no lo haría hasta los años ochenta o noventa; por lo tanto, es una forma de desayunar bastante reciente en nuestro país.

¿POR QUÉ NO RESULTA SALUDABLE?

45 GRAMOS DE AZÚCARES SIMPLES

Solamente el zumo de dos naranjas, aunque sea natural, contiene 18 gramos de azúcares simples; es mucho mejor una naranja entera por su fibra, que ayuda a absorber más lentamente estos azúcares, y mucho peor si el zumo es envasado. A esto tenemos que sumar los 6 gramos de las tostadas de pan blanco (mejor si es pan realmente integral), los 9 gramos de la mermelada y los 7 de la leche si es de vaca, aunque si es vegetal también debemos controlar si lleva azúcares simples. Y si le ponemos un sobre de azúcar al café, sumaríamos otros 5 gramos.

11-16 GRAMOS DE GRASAS SATURADAS

Las menos recomendables para nuestra salud cardiovascular. La mantequilla contiene 7 gramos y la leche, si es de vaca, 4 gramos. Si cambiamos la tostada por una pieza de bollería, podemos llegar hasta 16 gramos de grasas saturadas, una cantidad elevadísima para nuestra primera ingesta.

436 CALORÍAS

Zumo de naranja 45 + 2 tostadas con mantequilla y mermelada 325 + café con leche 66 calorías. El problema en sí no es la cantidad de calorías, sino la calidad de los ingredientes, del pan, de la mermelada, de la mantequilla, etc.

CAFEÍNA

Si tomamos el café solo, una taza, unos 200-250 ml, estaríamos sobrepasando las cantidades diarias de cafeína, que la mayoría de los organismos internacionales sitúan en 2/3 de una taza, repartida a lo largo del día.

ALTERNATIVA SALUDABLE

- tostada de pan realmente integral con aceite y tomate o con "hummus" o con aguacate o con tahina (pasta de sésamo)
- 1 pieza de fruta
- 5 o 6 almendras
- 1 vaso de bebida vegetal o alguna infusión, mejor si es sin cafeina/teina.

32

Lo que sí es efectivo, siempre, es elegir alimentos saludables y evitar los procesados, sea la hora que sea.

Lo importante de la cena es su carga calórica en consonancia con el resto de la ingesta y el ejercicio físico.

NO TENGAS MIEDO A LA CENA

Uno de los temas por los que recibo más preguntas son las cenas: ¿qué puedo cenar?, ¿qué está prohibido?, ¿puedo mezclar esto con aquello?, ¿qué pasa con los hidratos?, ¿qué ocurre con la verdura?... Lo primero y más importante: la cena es igual que cualquier otra ingesta; debemos cuidarla exactamente igual, no hay que hacer excepciones ni seguir rituales extraños. El plato debe ser igual de equilibrado que el resto a lo largo del día.

ROMPAMOS FALSOS MITOS **1** No hay que tomar hidratos por la noche. Se pueden tomar hidratos en la cena perfectamente, dependerá de con qué los acompañemos: no es igual la misma cantidad de macarrones con chorizo que de macarrones integrales con verduras. Deberemos sustituir los hidratos simples por hidratos complejos, como vimos. No cenar hidratos no nos ayudará a adelgazar. Lo que nos ayudará a adelgazar será una dieta equilibrada, ajustada a nuestro ejercicio físico, a nuestros hábitos, a nuestros gustos, realizada especialmente para nosotros. No hay que evitar los hidratos en la cena. **2** Prohibidas las verduras, especialmente la lechuga, porque propician la retención de líquidos. Las verduras no favorecen la retención de líquidos a ninguna hora, quizás lo que sí lo haga es si nos pasamos con la sal en las ensaladas. **3** No perderemos más peso por no cenar, dependerá del resto de la dieta. Es decir, no podemos tomar un almuerzo hipercalórico y pretender compensarlo con anular la cena, porque lo más probable es que en el desayuno estemos muertos de hambre y nos pasemos con las calorías.

Aunque dependerá de cada persona, su carga calórica debería ser similar al desayuno, alrededor de un 25 % del aporte calórico total.

ACEITES SALUDABLES

- usa aceites saludables (aceite de oliva o canola) para cocinar, en ensaladas, y en la mesa
- limita la margarina (mantequilla). evita las grasas trans

PROTEÍNAS SALUDABLES

- escoge pescados, aves, legumbres y nueces
- limita las carnes rojas, el queso; evita el bacon, fiambres y carnes procesadas.

AGUA

- toma agua, té o café (con poco o nada de azúcar)
- limita la leche y los lácteos (1-2 porciones al día)
- evita las bebidas azucaradas

FRUTAS

- come mucha fruta de todos los colores

GRANOS INTEGRALES

- come una veriedad de granos (cereales) integrales (pan de trigo integral, pasta de trigo integral, pasta de granos integrales y arroz integral)
- limita los granos refinados (arroz blanco)

PLATO SALUDABLE

La Escuela de Salud Pública de Harvard ha elaborado cómo sería la disposición de los alimentos para comer de forma saludable. Da relevancia a la verdura, los granos integrales y la fruta. En cuanto a las proteínas, introduce las legumbres, algunos frutos secos, recomienda reducir el consumo de carnes rojas y el queso, y evitar embutidos y carnes procesadas. Apuesta por los aceites de calidad, limita el consumo de lácteos y evita las bebidas azucaradas. Muy de acuerdo.

VEGETALES

- cuantos más vegetales y mayor variedad, mejor. Las patatas fritas no cuentan

34

LA DIETA EQUILIBRADA

Vamos a ver cómo tenemos que distribuir los alimentos para llevar esa dieta equilibrada que nos permita obtener los principales nutrientes.

HIDRATOS DE CARBONO COMPLEJOS 45-55 % de las calorías diarias. Son los nutrientes más importantes. Tienen que ser carbohidratos complejos y debemos minimizar la ingesta de los simples. A modo de recordatorio, los hidratos complejos los encontramos en arroz integral, quinoa, bulgur, trigo sarraceno, mijo, espelta, avena, cuscús, centeno, etc. Por lo tanto, también todos los panes, pizzas, bollería, harinas... deberían estar realizados con uno o varios de estos cereales. Las legumbres contienen buenas cantidades de hidratos complejos.

PROTEÍNAS 10-15 % de las calorías diarias. Las proteínas vegetales 100 % completas las obtenemos de la mezcla de legumbres + granos o legumbres + semillas (por ejemplo, lentejas con arroz, garbanzos con sésamo...); no hace falta que sea en la misma ingesta, puede ser a lo largo del día. Además, hay alimentos vegetales con proteínas completas, como la quinoa y todos los derivados de la soja. No debemos excedernos en el consumo de carne (mejor la blanca que la roja), y sí priorizar el del pescado (mejor el blanco que el azul).

GRASAS SALUDABLES 30 % de las calorías diarias. El producto más popular y uno de los más sanos para obtenerlas es el aceite de oliva virgen extra, a ser posible de primera presión en frío; con tres cucharadas al día sería más que suficiente, a partir de la cuarta no notaríamos tanto sus beneficios y sí hay muchas posibilidades de que se acumulen como grasas en nuestro organismo. También en este grupo incluimos las semillas (lino, girasol, sésamo, chía, calabaza, amapola...); con una cucharada de cualquiera de ellas al día sería suficiente. Y los frutos secos, 4 o 5 almendras y 2 o 3 nueces.

VERDURAS 40-50 % de nuestros platos. Nos van a aportar todos los minerales y las vitaminas necesarios. Dentro de este porcentaje de verduras, un 50 % deberían ser verduras de hoja (coliflor, brócoli, repollo, espinacas, acelgas, lechuga...), y otro 50 % verduras de raíz (zanahoria, calabaza, cebolla, puerro, remolacha, patata, esta última con moderación). No estaría mal que una de las raciones de verdura que comamos al día sea cruda, por ejemplo una ensalada.

FRUTAS 2 o 3 piezas al día de diferentes variedades y siempre mejor de temporada por su buen aporte de vitaminas.

SAL Con media cucharadita al día de sal sería suficiente; los alimentos ya contienen buenas cantidades de sodio.

AGUA Entre 1,5-2 litros de agua bebida estaría bien, hay que tener en cuenta que también los alimentos nos aportan agua.

Con estos parámetros tendríamos una dieta muy saludable con la proporción correcta de los nutrientes principales para nuestra salud; evidentemente, podemos añadir algunos alimentos complementarios y adaptarla a nuestras circunstancias, gustos, ejercicio físico, etc.

35

LA DIETA MEDITERRÁNEA PERDIDA

La dieta mediterránea ha sido muy laureada por organismos internacionales poniéndola como ejemplo de lo que es una dieta sana, equilibrada..., ¿pero realmente seguimos esta dieta?

Lo cierto es que cada vez estamos más alejados de la auténtica dieta mediterránea, solamente hay que observar los casos de obesidad y sobrepeso, que afectan a casi un 30 % de los niños españoles, y las grandes "epidemias" de nuestra sociedad muy relacionadas con la alimentación: hipertensión, altos índices de colesterol "malo", diabetes tipo 2, gota... y un largo etcétera de dolencias.

Por otro lado, las marcas y la industria de la alimentación se han apoderado de muchos productos para ponerles la etiqueta de «dieta mediterránea» y están muy alejados de serlo. Como ejemplos más destacados: el vino y los embutidos. Ninguna dieta es saludable si incluye alcohol a diario; las propiedades que tiene el vino las podemos encontrar en otros alimentos sin los inconvenientes que presenta el alcohol. Igual pasa con el jamón, que contiene una enorme cantidad de sal y de nitratos que cargan muchísimo nuestro organismo; se puede tomar ocasionalmente, pero no tan seguido como cuenta la publicidad. Son mensajes de *marketing* puro y duro.

La auténtica dieta mediterránea debe estar basada en tres pilares:

INGREDIENTES TRADICIONALES, aquellos que se llevan consumiendo centenares o incluso millones de años, que nuestros genes, nuestro sistema digestivo conoce de sobra, sabe cómo tratarlos, cómo aprovechar sus nutrientes. Siempre mejor de temporada.

RECETAS SENCILLAS, como se cocinaba hace muchos años, cuando se preferían los guisos, los potajes, lo hervido, sin olvidarnos de una ración diaria de ensalada, de alimentos crudos como la fruta, y evitando los fritos.

EL EJERCICIO FÍSICO es una parte muy importante y que se nos olvida. Por muy buena que sea nuestra alimentación, si llevamos una vida sedentaria de poco nos valdrá, hay que moverse.

las características principales de este tipo de dieta son:

1 Bajo contenido en grasas saturadas y en proteínas animales. **2** Consumo elevado de grasas buenas a través del aceite, las semillas y los frutos secos. **3** Hidratos completos, buenos procedentes de los cereales; no uso de azúcares refinados. **4** Alto contenido en fibra por la fruta y la verdura, igual que vitaminas y minerales.

otras consideraciones a tener en cuenta para seguir esta dieta:

1 Productos de temporada, ya que contienen una mayor concentración de nutrientes y también son más baratos. **2** Productos cercanos, productos del Mediterráneo. Esto es actualmente muy difícil con un mercado globalizado donde los tomates o cualquier fruta vienen de miles y miles de kilómetros de distancia. Para el consumidor supone un engorro ir mirando etiquetas. Siempre que podamos debemos comprar fruta y verdura ecológicas, que se producen en muchas ocasiones a pocos kilómetros de nuestra casa.

3 Eliminar al máximo los alimentos procesados, esos que encontramos en el supermercado para meter en el microondas y comer. Utilizan productos de muy mala calidad, aceites y azúcares refinados, conservantes; es lo menos parecido a la dieta mediterránea. Igual que la bollería industrial, refrescos extraazucarados, zumos envasados o comida basura.

alimentos básicos de una buena dieta mediterránea:

1 Si en algo somos ricos es en verdura, en huertas. Debemos, por lo tanto, aprovecharlo, consumir una gran cantidad de verdura a diario combinando las de hoja con las de raíz. 2 También las frutas encajan en este apartado; 2 o 3 piezas al día son indispensables. 3 Los cereales integrales se llevan consumiendo desde hace miles de años. Suponen un aporte de hidratos complejos de los buenos, además de un buen chute de minerales (arroz integral, mijo, trigo sarraceno, bulgur, espelta, centeno...), también los panes hechos con ellos. 4 Las legumbres son otro ingrediente muy a tener en cuenta. En casi todos los países mediterráneos los platos de cuchara son habituales en todas las casas. 5 El aceite de oliva es uno de los elementos estrella de esta dieta, pero hay que consumirlo con moderación. En España, por su abundancia, abusamos de su ingesta; con 3 o 4 cucharadas al día sería suficiente para aprovechar sus nutrientes.

6 Los frutos secos, sin salar, sin tostar, crudos, son imprescindibles, al igual que las semillas (sésamo, lino...). En Europa se ha perdido la costumbre de su uso; sin embargo, siguen siendo tremendamente populares en el norte de África (Marruecos, Túnez, Egipto...). 7 En cuanto a la carne, como hemos visto, se debería reducir bastante la ingesta, incluso eliminar las carnes rojas o consumirlas de manera ocasional. La mayor desviación de la clásica dieta mediterránea es esta. En España, según la OMS, se consume 3 veces más carne que la recomendada, quizás por la obsesión con las proteínas. Deberíamos reducir su ingesta de forma general. 8 En cuanto al pescado, sí es un alimento tradicional del Mediterráneo, el problema actual es la enorme contaminación del mar, que lo sobrecarga de mercurio, muy perjudicial sobre todo para nuestro hígado, que no es capaz de metabolizarlo. Pero sí sigue siendo un alimento dentro de esta dieta.

36

HAY QUE FIJARSE EN LOS COLORES

Esta no es una dieta de adelgazamiento por colores ni nada parecido, es una especie de juego para que recordemos, más o menos, a qué nutrientes se asocian diferentes colores y, sobre todo, para que tengamos en cuenta que debemos ir variando los alimentos, alternándolos para obtener esos nutrientes, sobre todo vitaminas y minerales. Nos centraremos en frutas y verduras.

MORADO

Protegen nuestro corazón, nuestro cerebro, el sistema circulatorio y las neuronas. Uvas rojas, arándanos, moras, berenjena, cebolla morada, ciruelas, col lombarda

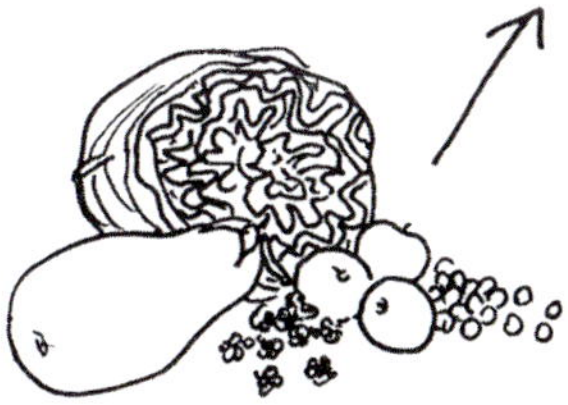

BLANCO

Favorecen la circulación sanguinea, colaboran en la buena salud de las arterias y también tienen una función antioxidante.
Ajo, coliflor, cebolla, setas, alubias, pera

NARANJA/ AMARILLO

Refuerzan nuestro sistema inmune, nuestras defensas y la salud de los ojos y cuidan nuestra piel.
Naranja, mandarina, pomelo, melocotón, zanahoria, boniato, papaya, piña, limón

ROJO

Recomendados para problemas circulatorios, salud cardiovascular, gran fuente de antioxidantes.
Fresas, granadas, frambuesas, manzana, tomate, sandia

VERDE

Protegen nuestros ojos, ayudan al hígado en sus tareas, protegen las células.
Brócoli, espinacas, col kale, repollo, aguacate, melón, kiwi, uvas, lechuga, judias verdes

37

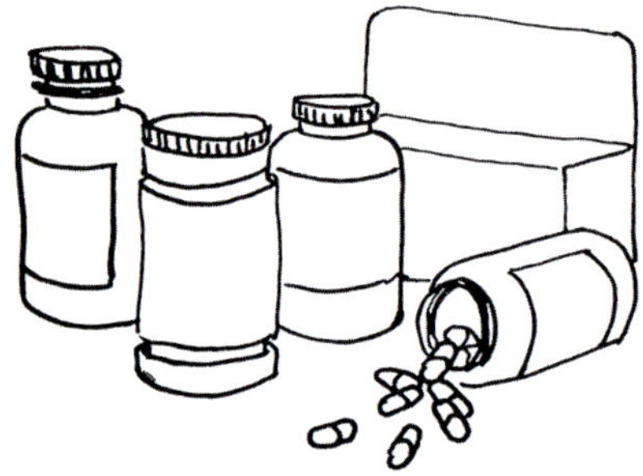

¿SON ÚTILES LOS MULTIVITAMÍNICOS?

Desde hace ya bastantes años es habitual el consumo de multivitamínicos, sobre todo en niños, personas mayores… Durante los cambios de estación, son centenares los anuncios que recibimos por diferentes medios sobre sus virtudes, bondades y casi necesidad de ingerir estos suplementos, pero ¿realmente son útiles?

En la mayoría de los casos, el consumo se hace «por si acaso», sin saber si tenemos un déficit de esa vitamina o de ese mineral, como medida preventiva, pero en la mayoría de los casos resulta muy poco eficaz. Es como si nos tomáramos una pastilla para el dolor de cabeza sin que nos duela la cabeza; no tendría mucho sentido. Si no presentamos una carencia de una de estas vitaminas, nuestro organismo eliminará el exceso de manera prácticamente inmediata, es decir, estaremos tirando el dinero que nos ha costado ese multivitamínico. La mayoría de las vitaminas no tienen capacidad para almacenarse; por ello, debemos tomar fruta todos los días, la mejor fuente vitamínica. El aporte de vitaminas debe ser constante, es decir, no aplicamos esa regla de «cuanto más mejor», porque ese multivitamínico que tomamos no se almacena en ninguna parte, ya que si los niveles de vitaminas son correctos, se eliminan. Deberíamos aplicar mejor aquello de «en su justa medida». Un aporte diario a través de la alimentación sería la mejor regla.

Una de las vitaminas que sí se almacenan es la B12, incluso durante meses, pero también tiene un pico de almacenamiento por encima del cual se elimina el exceso. Por ejemplo, las necesidades diarias de esta vitamina son de 2 microgramos/día y tenemos en el mercado suplementos de hasta 1.000 microgramos; además, es el más vendido. Si tomamos una pastilla al día de este suplemento (como recomienda el fabricante), estaremos forzando nuestro organismo para su eliminación; lo tendríamos que tomar 1 o 2 veces a la semana, aunque lo más recomendable siempre con cualquier nutriente es la ingesta diaria de los requerimientos necesarios para su mejor asimilación. Un buen suplemento de esta vitamina tendría 20 o 30 microgramos/día, ya que sí es cierto que parte de estas cantidades se «pierden» por el camino del proceso digestivo; no se absorbe nunca el 100 % de lo ingerido; por eso siempre está bien la ingesta de algo más de lo pautado, pero algo más, no 500 veces más, que es lo que ocurre con bastantes de estos multivitamínicos.

Cuando sí resultan útiles estos multivitamínicos, si tenemos carencia o podemos presentarla, es cuando combinan nutrientes que se complementan, por ejemplo, el calcio con la vitamina D, el hierro con la vitamina C; entonces sí tiene sentido, pero no tendríamos que tomar 2 o 3 pastillas, en 1 lo tendríamos todo. Pero, repetimos, solamente si presentamos esa carencia o estamos en riesgo de presentarla por alguna dolencia o tipo de dieta.

Lo ideal antes de empezar a tomar cualquier suplemento sería hacernos una analítica que incluyera los niveles de vitaminas y minerales; ver si tenemos algún déficit y a partir de ahí, si es prescrito por un profesional muchísimo mejor, tomarlo en las cantidades necesarias, no tomar un complejo vitamínico con 8 vitaminas sin saber si tenemos déficit de alguna de ellas porque será muy complicado que la carencia sea de todas a la vez.

Un multivitamínico nunca debe sustituir una comida

El verdadero problema para nuestro organismo es que en la eliminación de estos excesos vitamínicos quienes más trabajan son el hígado y sobre todo los riñones, ya que la mayor parte de las vitaminas, y también los minerales, se eliminan a través de la orina, así que les estaremos dando un trabajo extra a estos órganos y, como os decía, en muchos casos estaremos tirando el dinero a la basura.

Otra cosa que debe quedar clara es que nunca un multivitamínico debe sustituir a la comida, es decir, si al niño no le gusta la fruta, que es la mayor fuente de vitaminas, la sustituimos por un suplemento y listo. Siempre las mejores fuentes serán las naturales, se absorberán mucho mejor y las aprovecharemos más y siempre es mejor «enseñar» al niño a comer fruta, aunque acabe con nuestra paciencia.

Como resumen, los suplementos vitamínicos son una herramienta muy eficaz y recomendable cuando hay carencias, pero siempre que sepamos cuál es la carencia o riesgo de carencia y qué dosis necesitamos. Lo mejor es que lo paute un especialista, bien un médico, o un nutricionista o dietista.

38

PREBIÓTICOS FRENTE A PROBIÓTICOS

Nuestra flora intestinal, nuestra microbiota, se encuentra principalmente en el intestino grueso, concretamente en el colon ascendente. Está formada por millones de bacterias beneficiosas que se encargan, entre otras muchas cosas, de "gestionar" la fibra alimentaria, la fibra que contienen los alimentos. Además, se ha descubierto que tener una saludable flora intestinal ayuda a nuestro sistema inmune y refuerza nuestras defensas; de ahí que en los últimos años se hable mucho de los probióticos y de los prebióticos. Vamos a ver las diferencias y los alimentos que los contienen.

los probióticos contienen bacterias que protegen la flora intestinal

LOS PROBIÓTICOS son aquellos alimentos que ya contienen esas bacterias, esos bichitos que vivirán en nuestro colon. Al tomarlos, estamos ingiriendo millones de estos microorganismos, que pueden asentarse y formar parte de nuestro intestino o eliminarse; todavía no están muy estudiadas las causas de por qué ocurre una cosa u otra. Los más famosos son las botellitas que venden en el supermercado con *Lactobacillus*; el problema de estas bebidas es que suelen llevar azúcares y no hay nada menos recomendable para el sistema inmune que los azúcares añadidos. Es más recomendable el consumo de chocolate negro, sin leche (no más de dos cuadraditos al día); el chucrut (col fermentada: hay muchas recetas en Internet, también lo encontramos en tiendas ecológicas); en general, los encurtidos de hortalizas, especialmente los pepinos (dependerá de la calidad de su conservación, que no lleve aditivos ni exceso de vinagre); el té *kombucha* (también en tiendas ecológicas o herbolarios); el miso (un fermentado de la soja del que os he hablado en varias ocasiones en el blog). Muchos medicamentos, especialmente los antibióticos o algunos más potentes, afectan a la flora intestinal; si padecemos enfermedades crónicas o hemos pasado una etapa con gran cantidad de medicación, lo aconsejable es un suplemento de probióticos (en farmacias o tiendas ecológicas).

LOS PREBIÓTICOS son alimentos que no presentan en su composición estas bacterias, pero sí propician que los intestinos las fabriquen, es decir, facilitan que se «cultiven» bacterias beneficiosas en nuestros intestinos. Los más recomendables y comunes son la cebolla y el ajo, pero mejor tomarlos algo cocinados, ya que son bastante potentes para nuestra mucosa gástrica si los tomamos crudos; dependerá de la fortaleza de nuestro estómago. Otros alimentos también recomendables como prebióticos son las alcachofas, el puerro, los espárragos, las legumbres y los plátanos.

los prebióticos ayudan a la fabricación de esas bacterias

COCINADOS Y CONSERVACIÓN

FORMAS DE COCINADO

ALIMENTOS CRUDOS Está claro que estos conservan prácticamente el 100 % de sus nutrientes; por lo tanto, ¿es recomendable la idea crudívora? Pues si se tiene un estómago y unos intestinos realmente fuertes no habría problema, siempre que se consigan todos los aportes necesarios de los diferentes micro y macronutrientes. Hay infinidad de recetas para seguir este tipo de dieta, yo mismo he realizado períodos de 2 semanas de vez en cuando, pero hay que investigar recetas para no sentirnos perdidos y aburrirnos de comer siempre lo mismo. Se pueden preparar granos y legumbres sin cocinar; remojándolos durante bastantes horas conseguiremos ablandarlos, también germinándolos... Por norma general, los crudívoros pueden cocinar sin superar los 40 grados en la cocción; hay aparatos especiales para hacer pan y otro tipo de platos. Como os digo, no la tendría como dieta habitual porque el estómago tiene que hacer un gran esfuerzo para digerir alimentos crudos, que puede derivar, con el paso del tiempo, en problemas gastrointestinales, pero una ración de alimentos crudos al día (por ejemplo, ensaladas) es buena precisamente para entrenar a nuestro estómago, para que no se haga vago; de nuevo aplicamos el en su justa medida. Lo que no es aconsejable son la carne y el pescado crudos; las exigencias sanitarias, para que no se reproduz-

> Los crudívoros pueden cocinar a menos de 40 grados

can las bacterias, se tienen que seguir a rajatabla y son más estrictas de lo que pensamos. Igual pasa con el huevo: la salmonelosis está muy presente. Con la fruta, mejor retirarle la piel si no es ecológica; aunque ahí están la mayor parte de sus nutrientes, también están los químicos y pesticidas y las ceras artificiales para que luzcan bonitos en el mostrador. La verdura tendremos que lavarla a conciencia. Lo que conseguimos con muchos tipos de cocinado es eliminar posibles agentes perjudiciales al someterlos a altas temperaturas.

AL VAPOR Podemos decir que es el tipo de cocinado más saludable. Al no estar en contacto con el agua, los alimentos no transfieren las proteínas y minerales al agua de cocción, sino que se quedan en el alimento aunque siempre hay una pérdida mínima por el calor. Se asocia a la «comida de hospital» porque obtenemos el sabor del alimento y poco más, pero si empezamos a apreciarlo, pronto nos acostumbraremos y le cogeremos el gustillo; por otro lado, podemos preparar aliños saludables para consumirlos.

COCER Y GUISAR Consiste en sumergir el alimento o alimentos en agua, llevarlos a ebullición y esperar hasta que tengan la textura adecuada. En este caso, muchos nutrientes pasan al agua y si escurrimos el agua, si la tiramos, desechamos parte de los nutrientes. Por eso la mejor forma de cocer es a través de los guisos, estofados o sopas, que son aquellos platos en los que tomamos también el agua de cocer, no la tiramos sino que la consumimos, por ejemplo, un buen plato de lentejas, un cocido (vegetal, por supuesto), un estofado de seitán (también los de origen animal), sopa de miso... En resumen, a través de la cocción se pierden una buena cantidad de nutrientes si tiramos el agua. Aunque el gasto es mayor y no es tan ecológico, son mejores las cocciones a fuego lento en cazuela tradicional, donde las temperaturas alcanzadas no son tan altas como las de la olla rápida, que alcanza altísimos niveles de calor que degradan más los alimentos. Otra regla básica en esto del cocinado es que a mayor temperatura alcanzada en periodos cortos, más «desaparición» de nutrientes.

ASADOS/HORNEADOS Se popularizó muchísimo hace unos años el uso del horno como sinónimo de comida más saludable y no es del todo cierto. Nos convencieron de esto porque al usar el horno utilizamos menos aceite y eso es verdad. Si cocinamos sin aceite no tendremos grasas saturadas añadidas al alimento (la mayoría de los aceites al calentarlos por encima de unos 110-120 grados transforman un gran porcentaje de sus grasas saludables en grasas saturadas), pero aunque sea al horno, siempre le ponemos algo de aceite para que estén más sabrosos los platos y a las temperaturas altísimas de un horno este aceite se transformará en grasas saturadas, seguro. Por otro lado, el horno contrae mucho los alimentos, les quita gran parte de su agua; de nuevo, esta contracción en vez de ayudar dificulta su digestión, salvo las verduras, que tienen un gran contenido en agua. El cocinado habitual en el horno no es del todo aconsejable, pero no estaría mal de forma ocasional, y es mejor añadir ese chorrito de aceite siempre en crudo, una vez horneado el alimento. Otra idea para que la pérdida de agua sea menor es añadir, mientras lo cocinamos, un recipiente con agua para que se genere algo de vapor dentro del horno (algunos hornos ya incluyen esta función).

FRITURAS Como todos sabemos, desde el punto de vista nutricional, es el menos aconsejado, no solamente porque esas elevadísimas temperaturas que alcanza el alimento le suponen una gran pérdida de minerales y vitaminas principalmente, sino por la gran cantidad de grasas saturadas que estamos ingiriendo. Uno de los aceites más estables para freír es el de oliva virgen extra. Lo aconsejable es reducir al mínimo esta forma de cocinar y, en todo caso, mejor a la plancha que frito.

PARRILLA De nuevo, las altas temperaturas degradan lo que hagamos a la parrilla. Sabemos que es una experiencia fantástica con amigos y resulta difícil resistirse, pero mejor de forma ocasional. El problema de esta manera de cocinado (además de que tradicionalmente se emplean alimentos ricos en grasas para su elaboración: chuletas, chorizos, salchichas, hamburguesas...) es que ingerimos restos de madera, carbón, papel, dependiendo de los materiales que hayamos usado para hacerla, y todo esto se agrava si hemos encendido el fuego con productos químicos. Cuando en nuestro cuerpo entra cualquiera de estos elementos alucina, se pregunta: ¿esto qué es? Pues sustancias que no conoce y no sabe cómo tratarlas, cómo eliminarlas; pueden estar mucho tiempo dando vueltas en nuestra sangre y, de nuevo, el sacrificado hígado tendrá que trabajar horas extra para eliminarlas. Las cenizas microscópicas que se adhieren a los alimentos, a largo plazo, nos pueden fastidiar bastante.

Las altas temperaturas transforman las grasas saludables en grasas saturadas

40

FORMAS DE CONSERVACIÓN

AHUMADOS No siempre es una forma de cocinado, sino que consiste en darle un toque con sabor a humo a ciertos alimentos. El proceso es sencillo: exponer al alimento durante un tiempo determinado (generalmente bastantes horas) al humo. Si el humo se obtiene a partir de la madera o del carbón (lo más habitual) pasa como con la parrilla: partículas de estos materiales aterrizan en lo que nos vamos a comer. Si el ahumado se produce obteniendo humo de forma química, significa que parte de estos químicos pasarán a los alimentos. Por lo tanto, de nuevo, no abusar de ellos.

CONSERVAS En este caso, si son de calidad no hay ningún problema, y si se han seguido los procesos adecuados son completamente seguras. Pasará como hemos visto en la cocción, que parte de los minerales y vitaminas pasarán al agua y se perderán. Mejor las conservas en cristal que en metal o plástico; tanto uno como otro con el paso del tiempo pueden ceder parte de sus materiales al alimento que contienen; el cristal es mucho más «puro», más higiénico, más estable. Pero el problema de la inmensa mayoría de las conservas que encontramos en el supermercado es su baja calidad y todos los aditivos que llevan. Debemos leer bien las etiquetas, ya que pecan de tener bastantes grasas, demasiada sal y siempre que no falte el toque de azúcar. Son los productos que más conservantes químicos tienen en su contenido; solo hay que fijarse en la larga lista de *E-número* que presentan. Un caso muy particular son las latas de atún; el atún fresco cuesta una barbaridad y, en cambio, los paquetes con tres latas y un regalo son muy económicos. Es evidente que para este producto dejan los restos del atún, el de más baja calidad; además, el atún es rojo y el de la lata como color «carne humana» debido a un proceso de salado para su conservación. También el atún convive durante meses con aceites de baja calidad; ese aceite, por mucho que lo escurramos, ya ha penetrado en todas las partes de lo que nos vamos a comer. Pero si hay que fijarse en algo es en su contenido en sal: una lata pequeña de la marca más vendida en España contiene 1,5 gramos de sal, una barbaridad para tan pocos gramos de producto, casi cubrimos las necesidades diarias. Por supuesto que hay conservas de este tipo de enorme calidad, conservadas en aceite de oliva virgen extra que podemos aprovechar también y, por lo tanto, los nutrientes que se han transferido a él, pero claro, de nuevo, ¿a quién atacan?, a nuestro bolsillo.

CONGELACIÓN Lo primero, aclarar que si se siguen las pautas necesarias es un proceso completamente seguro para nuestra salud. Debemos recordar siempre la regla de que si hemos descongelado un alimento no volverlo a congelar de nuevo salvo que lo hayamos cocinado; además, no debemos congelar elaboraciones todavía calientes, y si los productos son frescos no mezclarlos, especialmente carne y pescado crudos; con la verdura no hay estos problemas. En el momento de descongelar, no debemos poner en el mismo plato alimentos diferentes sin cocinar, porque puede haber contaminación cruzada (carne con pescado, carne con verduras, pescado con verduras). La descongelación también es importante; es mejor realizarla poco a poco pero nunca fuera del frigorífico, siempre refrigerada, es decir, lo que hacían nuestras madres de sacar la comida para el día siguiente y dejarla en el frigorífico. El microondas no es muy aconsejable para la descongelación porque se hace de forma rapidísima y las bacterias tienen mucho más fácil proliferar con calorcito que con frío. Y la pregunta clave: ¿pero se pierden muchos nutrientes al congelar? La respuesta es que sí. La más afectada es la vitamina C; varios estudios cifran su pérdida en un 40 %. Las verduras pierden entre un 20 y un 40 % de sus minerales y vitaminas, es decir, los micronutrientes son los que más pérdidas sufren y los macronutrientes (hidratos, grasas, proteínas) no se ven tan afectados. Muchos expertos consideran que los alimentos congelados están desnaturalizados, es decir, que han perdido buena parte de su aporte de forma natural y también algo de su sabor. Como recomendación, es muchísimo mejor comprar alimentos frescos y congelarlos que comprar alimentos ya congelados en el supermercado porque no controlamos su calidad y pueden llevar semanas congelados. Lo que sí descartaríamos al 100 % son los productos precocinados congelados; es lo menos natural que existe en el mercado, lo más lejano a un producto natural.

Como conclusión, lo ideal sería consumir productos frescos a diario, pero nuestras condiciones de vida y sobre todo las exigencias de las grandes ciudades muchas veces nos lo ponen difícil. Sin embargo, no estaría de más dedicarles algo de tiempo a estas tareas o pensar antes de ponerse a cocinar cómo aprovechamos mejor los nutrientes; no solamente hay que comer, sino nutrirse convenientemente.

¿SON SEGUROS LOS ENVASES DONDE CONSERVAMOS LOS ALIMENTOS?

Todos los envases que encontramos en el supermercado han pasado la normativa europea de seguridad, por lo tanto, no debemos alarmarnos, aunque esta legislación tenga bastantes lagunas o no quede clara para el consumidor. El mayor problema lo encontramos cuando los componentes de ese envase pueden pasar al alimento que contienen. Debemos mirar que en el etiquetado aparezca el símbolo de una cuchara y un tenedor como garantía de ser un material apto para la alimentación; hay que prestar especial atención si los compramos en bazares.

ENVASES DE PLÁSTICO

El problema del paso de sustancias tóxicas a los alimentos es muy frecuente en algunos de los envases de plástico, aunque no en todos, ya que están compuestos por múltiples sustancias, algunas sin especificar. Nunca debemos utilizar estos envases para calentar, salvo que lo indique claramente; con ese calor es más fácil que se transfieran esas sustancias nada recomendables. Si esta información no aparece o no es clara, es mejor no utilizarlos.

BANDEJAS DE POLIESTIRENO

Típicas de las bandejas de carne y en platos y vasos desechables, el poliestireno puede desprender alquilfenoles estrogénicos y cancerígenos. Se suele usar en productos frescos que requieren cocinado, con el cual estos elementos se neutralizan, pero no deberíamos tomar carne o pescado crudos si han sido envasados en estas bandejas.

LATAS DE ALUMINIO

Muy típicas de las conservas de pescado, como atún, sardinas, anchoas... Los alimentos están protegidos de este aluminio por una capa que evita el contacto directo; el problema viene si ese recubrimiento se ha rayado o está dañado, algo muy habitual en latas abolladas. Con las actuales leyes no habría mayor riesgo, pero nunca consumas el contenido de una lata que esté dañada.

ENVASES DE CARTÓN

Aunque es más ecológico por su reciclado y guarda bien el calor, se debería emplear únicamente para comidas que tomemos al momento; con el paso del tiempo pueden proliferar microorganismos nada amigables.

ENVASES DE VIDRIO

Resulta el material más recomendable para la conservación y, además, se puede reutilizar en múltiples ocasiones. No transfiere sus materiales a los alimentos y mantiene durante más tiempo su sabor y su textura.

DISTRIBUCIÓN DE TEMPERATURAS

estante superior: 8 °C
estante central: 5 °C
estante inferior: 2 °C
cajones inferiores: 10 °C
puerta: 10-14 °C

CÓMO COLOCAR LOS ALIMENTOS EN LA NEVERA

El principal objetivo de la conservación de los alimentos en la nevera, como todos sabemos, es mantener durante más tiempo sus condiciones físicas y químicas, y esto se consigue porque al estar expuestos a bajas temperaturas la actividad microbiana y enzimática se reduce o se elimina.

La temperatura ideal de una nevera está en 4-5 °C en su parte central. La temperatura no es igual en todas sus zonas, de ahí que sea conveniente saber colocar los alimentos en el lugar adecuado.

En el estante inferior, justo encima de los cajones, la temperatura suele ser de 2 °C aproximadamente. Aquí debemos colocar carnes y pescados (los que llevéis una dieta omnívora), así también se evita que goteen sobre otros alimentos.

Todos los productos que indiquen en su etiqueta «consérvese en frío una vez abierto» (conservas, embutidos, pastelería, lácteos...) y las sobras de otras comidas deberían ir en el estante central, que estará a 5 °C, y en el superior, a 8 °C.

En los cajones inferiores la temperatura suele ser de 10 °C y es donde se guardan verduras y frutas.

En los estantes del interior de la puerta, la parte menos fría de la nevera, estarán todo tipo de bebidas, salsas, encurtidos/aceitunas en bote, etc.

Estas son reglas generales que la mayoría de las marcas siguen, aunque puede haber algunas diferencias.

42

CÓMO CONGELAR Y DESCONGELAR LOS ALIMENTOS

Al congelar perdemos nutrientes, principalmente, una parte de sus vitaminas. Las verduras congeladas pierden entre un 20-25 % de vitaminas y hasta un 10 % de minerales. La vitamina C, en este caso, es la más perjudicada, con pérdidas de hasta un 40 %; también se queda en el camino un 10 % de proteínas. Aun así, con el ritmo actual de vida es una práctica muy extendida y que ni mucho menos hay que descartar, solamente tener en cuenta que sí se produce esa pérdida y que no sea nuestra forma habitual de consumir alimentos; mucho mejor los alimentos frescos y recién cocinados.

Resulta más aconsejable comprar alimentos frescos, elaborarlos con la receta que deseemos y proceder a congelarlos. ¿Por qué esto es mejor que comprar el alimento directamente congelados? Porque estaremos controlando mucho mejor su calidad, porque sabremos su procedencia si lo hemos comprado en el mercado y cómo ha sido cocinado. No son recomendables los platos precocinados congelados porque no conoceremos la calidad de los aceites empleados, la cantidad de sal, si llevan algún aditivo...; por lo menos debemos mirar la etiqueta y que no contenga aceite de palma.

La congelación, si la hacemos correctamente, es una técnica completamente segura. En las siguientes páginas van algunos consejos; seguro que muchos de ellos los conocéis.

consejos para la congelación

1 Nunca meter en el congelador un alimento todavía caliente; hay que dejarlo enfriar a temperatura ambiente y después congelarlo. **2** Debemos indicar en la bolsa o táper de congelación el contenido y la fecha. **3** No es muy recomendable consumir alimentos con más de tres meses de congelación porque la pérdida de nutrientes es muy elevada. **4** Debemos separar las raciones según nuestras necesidades. No hay que congelar en un táper medio kilo si solamente necesitaremos 300 gramos porque es fácil que el resto se descongele según lo sacamos para apartar la ración necesaria y se echará a perder. **5** Nunca hay que congelar un alimento que ha sido descongelado, salvo que lo hayamos cocinado; es decir, no debemos volver a congelar unos guisantes que ya estaban congelados, salvo que hayamos realizado una crema o cualquier plato con esos guisantes. **6** Si algún día se va la luz durante más de 1 hora, tendremos que desechar los alimentos del congelador, ya que por la subida de temperatura es posible que hayan aparecido microorganismos nada deseables, y aunque sea menos tiempo es mejor echarles un vistazo. **7** Nunca debemos congelar en la misma bolsa/táper alimentos crudos de distinta naturaleza, como verduras con carne o pescado, o pescado con carne, etc. Se puede producir lo que llamamos «contaminación cruzada». **8** Hay que sacar para cocinar, siempre, lo que más tiempo lleve en el congelador. **9** Nunca hay que descongelar a temperatura ambiente; siempre debemos descongelar dentro de la nevera, aunque el proceso sea más lento, y poner el alimento en un plato para que el líquido no llegue a otros alimentos que estén en la nevera. **10** Es mejor un descongelado lento en la nevera que un descongelado rápido en el microondas, pero este es mejor que un descongelado a temperatura ambiente. **11** Si hemos realizado una descongelación en el microondas, debemos cocinar el alimento de manera inmediata; no lo podemos dejar dentro del micro ni sobre la encimera mucho tiempo, ya que los microorganismos proliferan rápidamente con ese calor y puede ser perjudicial.
12 La descongelación debajo del grifo, aunque tampoco es un método muy recomendable, siempre se hará con agua fría, nunca con agua caliente. Con este sistema de nuevo parte de las proteínas y, en algunos casos, el colágeno del alimento se perderán por el desagüe. **13** Como resumen, a pesar de la pérdida de nutrientes, la congelación es un método seguro que se puede emplear tranquilamente, siguiendo estos breves consejos.

43

INFORMACIÓN NUTRICIONAL

→	por 100 g
valor energético	2275 kJ 542 kcal
hidratos de carbono	73 g
de los cuales azúcares	55 g
grasas totales	10 g
saturadas	3 g
fibras alimentarias	5 g
proteínas	6 g
sodio	0,6 g

SABER LEER LAS ETIQUETAS

La imagen de arriba corresponde a un ejemplo de etiqueta, concretamente a una bolsa de patatas fritas. Las podemos encontrar de otras formas similares, con colores, con tablas adornadas..., pero lo más importante son los datos, que no nos despisten.

Vamos a ir viendo detenidamente cada uno de los apartados:

PORCIÓN/TAMAÑO DE LA PORCIÓN En el primer párrafo hemos querido incluir una trampa, ya que se ha dicho que la etiqueta corresponde a una bolsa de patatas fritas cuando lo correcto es decir que aparece en una bolsa de patatas fritas, ya que si nos fijamos en la parte de arriba veremos que esos valores corresponden a 100 gramos, lo que no quiere decir que la bolsa contenga 100 gramos, puede contener 30 gramos o 200 gramos. Este es el dato más importante a tener en cuenta para saber interpretar el resto de la información. Si nos dan los datos de 100 gramos de producto (que suele ser lo habitual) y tomamos 200 gramos de ese alimento, estaremos duplicando el número de calorías, hidratos, grasas, etc. En los refrescos es habitual indicar una porción de 100 mililitros cuando una lata contiene 330 mililitros, con lo cual estaremos ingiriendo más de tres veces lo que nos dice la etiqueta; si por cada 100 mililitros nos dice que tiene 50 calorías, estaremos tomando, con una lata, 165 calorías. Por lo tanto, lo primero que debemos mirar es la porción para no llamarnos a engaño.

PORCENTAJE DE VALOR DIARIO EN CADA UNO DE LOS NUTRIENTES Lo que se hace es tomar como base una dieta de 2.000 calorías, lo que para muchísimas personas es una cantidad muy elevada. El número de calorías a ingerir depende del ejercicio físico, la altura y el peso de la persona, su salud..., y a partir de ahí nos indican con un porcentaje (%) la cantidad de un determinado nutriente que nos aporta la porción de ese alimento (generalmente, como hemos visto, cada 100 gramos). Por ejemplo, si una bolsa de patatas nos dicen que aporta un 25 % de la cantidad de sodio recomendada a diario, nos están indicando que si comemos 100 gramos de esa bolsa de patatas habremos ingerido un 25 % del total de sodio recomendado al día para una dieta de 2.000 calorías. Este es el más enrevesado de todos los datos, ya que no podemos estar con la calculadora todo el día sumando porcentajes; además, deberíamos saber exactamente cuáles son las cantidades recomendadas por nutrientes para nuestras circunstancias, no quedarnos con las 2.000 calorías como base. Para algunos nutricionistas, si este porcentaje es inferior al 5 %, el alimento es bajo en ese nutriente, y si contiene más de un 20 % es alto en ese nutriente. Lo mejor es el sentido común; si hemos tomado algún alimento con una alta cantidad de sodio durante ese día, tendremos que reducir la ingesta de otros alimentos ricos en sodio.

CALORÍAS Incluidas normalmente en el epígrafe «valor energético», nos tenemos que fijar en las calorías, expresadas con su número y la abreviatura kcal. Olvidémonos de los kJ (kilojulios), otra medida de energía mucho más complicada de interpretar. Centrándonos en las calorías, sabemos que son una medida que nos indica la cantidad de energía que nos aporta un alimento; son nuestra gasolina obtenida a través de la alimentación, nuestro combustible para realizar todas las tareas que afrontamos diariamente. Aunque la dieta habitual suele estar entre las 1.500 y 2.000 calorías, tendremos que cuidar muy bien de dónde proceden. Como hemos visto a lo largo de todo el libro, no es lo mismo obtener este número de calorías de alimentos ricos en grasas saturadas que de una dieta equilibrada. Por lo tanto, no tenemos que contar calorías y obsesionarnos con ellas, sino contar nutrientes. A estas alturas ya sabemos que hay alimentos que a igual número de calorías es más fácil que se almacenen como grasa que otros. Como repaso, recordar que los azúcares simples, los hidratos de carbono simples, se transforman más fácilmente en grasas que los complejos; lo mismo pasa con las grasas saturadas: las almacenamos con mayor facilidad que las poliinsaturadas, y ni hablemos ya de las grasas trans, que van directas al michelín. En la etiqueta nos indicará el número de calorías cada 100 gramos de manera habitual; si consumimos 200 gramos tendremos que multiplicar las que ahí aparecen por dos. Para saber si lo estamos haciendo bien, podemos tomarnos la molestia de anotar durante unos días todos los alimentos que comemos y calcular las calorías diarias que tomamos y ver si estamos ganando o perdiendo peso.

HIDRATOS DE CARBONO En este caso encontramos una cifra general, es decir, cuántos hidratos de carbono contiene el alimento por la ración indicada, y una específica, la cantidad de azúcares simples, los más perjudiciales. Que un alimento sea rico en carbohidratos no tiene por qué ser malo, pero si la cifra de azúcares simples es muy alta nos tenemos que empezar a preocupar. Si contiene 20 gramos de hidratos y 18 de estos son azúcares simples, significa que solamente tendrá 2 gramos de hidratos complejos, y debemos pensar si consumir ese producto, reducir su consumo o directamente no tomarlo.

GRASAS Los fabricantes están obligados a indicar la cantidad de grasas que contienen sus productos. Además de una cifra de grasas generales (monoinsaturadas, poliinsaturadas, saturadas), tienen que señalar cuántos de esos gramos corresponden a grasas saturadas. Nos podemos encontrar un alimento con 10 gramos de grasas por cada 100 gramos, lo que equivale a un 10 % de grasas, de las cuales 8 gramos son saturadas, lo que significa que solamente 2 gramos son grasas saludables. En cuanto a las grasas trans, todavía hay muchísimos países que no obligan a indicarlas y en otros se está empezando a hacer. Sin duda, sería de gran ayuda, ya que son las más peligrosas de todas.

FIBRA Aunque forma parte de los hidratos de carbono, en el etiquetado, generalmente, se presenta como un dato independiente. Ya comentamos que es un nutriente que interviene en muchísimas funciones de nuestro organismo, y que en la «comida moderna» sus cantidades son muy inferiores a las recomendadas. No están obligados a especificar si es fibra soluble en agua o insoluble, lo que sería interesante.

PROTEÍNAS Otro de los macronutrientes que aparecen en las etiquetas, y del que ya hemos hablado ampliamente. No nos indican si son completas o incompletas, ni cuántos ni qué cantidad de aminoácidos esenciales contienen. Como regla general, deberíamos tomar a diario nuestro peso en kilogramos en gramos de proteínas: si se pesa 65 kg, 65 gramos de proteínas.

SODIO Sin duda, es el dato menos claro de todos en la etiqueta por la confusión que genera la diferencia entre la sal y el sodio. Lo más sencillo para los consumidores sería que indicaran a cuánta sal corresponde el sodio que aparece en el etiquetado. Como sabemos que lo recomendable es no sobrepasar los 2,5-3 gramos de sal al día, tendríamos que hacer una multiplicación para saber a cuánta sal equivale el sodio indicado por el fabricante. Es muy sencillo:

gramos de sodio de la etiqueta x 2,5 = cantidad de sal en gramos

0,6 gramos de sodio por ración (100 g) x 2,5 = 1,5 g de sal

La cosa se complica algo más porque en la mayoría de las ocasiones no nos indican el sodio en gramos directamente, sino en miligramos, con lo cual tendremos que dividir esa cantidad entre 1.000 para obtener los gramos y así poder realizar la cuenta que acabamos de ver. Cada vez más fabricantes indican directamente los gramos de sal; si esto siempre fuera así sería mucho más fácil para nosotros interpretarlo.

Actualmente, si han añadido sal, si no es el sodio propio del alimento, están obligados a indicar la sal y no únicamente el sodio.

44

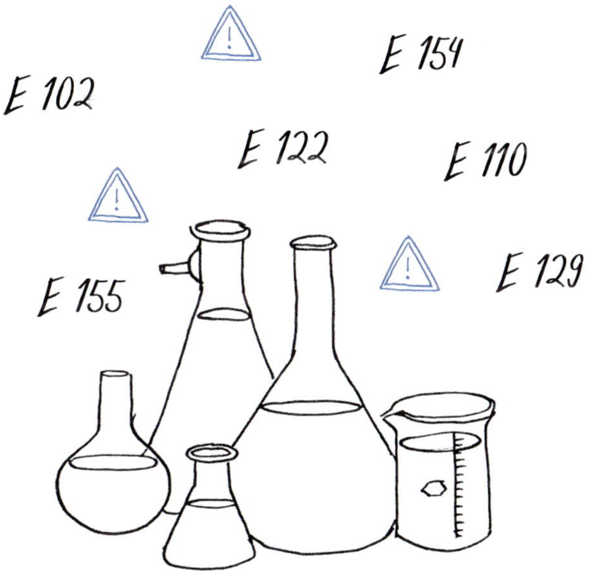

ALIMENTOS SEGUROS FRENTE A ALIMENTOS SANOS

Muchas veces cuando hablamos de alimentos poco recomendables siempre aparece el comentario de que si fuera tan perjudicial no estaría a la venta.

¿POR QUÉ OCURRE ESTO? Actualmente, la seguridad alimentaria ha avanzado muchísimo. Son rarísimos los casos de dolencias inmediatas por la ingesta de alimentos, como las intoxicaciones, pero no se miden las consecuencias del consumo habitual de ese alimento a lo largo del tiempo. No se responsabiliza del aumento del colesterol, hipertensión o sobrepeso y la aparición de diabetes por el consumo habitual de ciertos productos alimenticios.

Lo ideal y, seguramente, efectivo sería hacer como con las cajetillas de tabaco: informar en el envase de que el consumo habitual o excesivo de ese producto en cuestión puede derivar en tales enfermedades. Seguro que mucha más gente se lo pensaría antes de comprar ciertos productos y a la vez contribuiría a una mejor salud general, lo que repercutiría en un ahorro en la sanidad pública que pagamos entre todos.
Es decir, pueden ser seguros, por ello se venden en supermercados, pero pueden no ser sanos.

LOS ULTRAPRESENTES ADITIVOS No solamente debemos mirar la tabla nutricional de los envases, sino toda la lista de ingredientes que contienen.

Esta tarea se complica muchísimo, ya que estas listas en muchos casos son interminables. Una regla muy sencilla sería: cuantos más ingredientes presenta un producto menos natural será, más artificiales serán su sabor, su textura, su color...

Resumiendo mucho, podemos decir que la inmensa mayoría de los aditivos son productos que se utilizan para alargar la vida de un alimento, para que dure más, o para darle color de una manera artificial (colorantes). Otros afectarán al sabor: los más comunes son aquellos que «imitan» el sabor del azúcar, sobre todo en productos *light*. Por lo general, los veremos en las etiquetas con la letra E, un guion y un número.

Todos estos aditivos han surgido por el modelo actual de vida. Así, los productos están más tiempo en la estantería de un supermercado sin estropearse y tienen más posibilidades de que un comprador se los lleve a casa y esté muy contento porque le dura mucho tiempo en la nevera. Es cierto que estas condiciones se ajustan perfectamente a las características de la vida actual, con poco tiempo para dedicarle a la compra. Un gran número de consumidores prefieren fechas de caducidad amplias antes que ir a comprar habitualmente.

Para ser conscientes de que estos son hábitos recientes, solo debemos recordar a nuestras madres o nuestras abuelas yendo a comprar al mercado de abastos una o dos veces a la semana y bajando todos los días a la tienda del barrio para hacer la compra. Ahora preferimos el coche, las grandes superficies y las compras para 15 días o 1 mes, y aquí salen perdiendo los productos frescos, esa fruta o verdura que hay que consumir en pocos días para que no se estropee. Habría que priorizar los tiempos, dedicarle un rato al día a la compra y seguir visitando los mercados.

Menos aditivos,
más productos frescos,
más ir al mercado
y menos a las grandes
superficies

Estos aditivos, en principio, no son perjudiciales porque han seguido varios procesos de control. El problema es que estos baremos de control cambian cada cierto tiempo y aditivos que antes eran permitidos, tras nuevas investigaciones, se prohíben, pero han estado circulando durante años. O uno es permitido en unos países, pero está prohibido en otros, como ocurre con el ciclamato sódico y el aspartamo, dos de los más habituales en los refrescos.

Lo aconsejable es que el producto sea lo más natural posible; si tiene muchos *E* o nombres de ingredientes que no reconocemos, que tienen nombres rarísimos, es mejor prescindir de ellos o reducir su consumo.

LO ECOLÓGICO

la producción ecológica se debe basar en

1 No utilizar plaguicidas, pesticidas químicos, fertilizantes artificiales u hormonas de crecimiento. 2 Utilizar las mejores prácticas ambientales. 3 Proteger y fomentar la biodiversidad. 4 Preservar los recursos naturales. 5 Procurar el bienestar animal.

Para que todo esto sea real, deberíamos también leer en las etiquetas que estos alimentos ecológicos han sido cultivados cerca, por ejemplo, que sean nacionales, ya que la contaminación que se ahorra en su cultivo se puede ver aumentada si esa fruta viene de miles de kilómetros en camiones o barcos altamente contaminantes.

UNA SOLUCIÓN: LAS CESTAS ECOLÓGICAS

En Google encontraremos opciones en nuestra provincia de agricultores de proximidad que ofrecen un servicio, generalmente semanal, de cestas ecológicas a muy buen precio. Nos aseguramos de que ese tomate estará en nuestra mesa al día o a los dos días de haber sido recogido y que serán productos de temporada. Además, la mayoría de estos agricultores nos invitan a que visitemos sus campos y observemos sus métodos de trabajo.

por lo tanto, desde un punto de vista medioambiental estaremos

1 Reduciendo la contaminación del terreno. 2 Evitando que esos productos acaben en los acuíferos, en aguas de riesgo. 3 Minimizando la contaminación del aire. 4 Contribuyendo al ahorro energético. 5 Disminuyendo los gases de efecto invernadero.

¿SON MEJORES DESDE UN PUNTO DE VISTA NUTRICIONAL? Hay controversia a este respecto, pero la respuesta es sí, aunque con matices.

Si optamos por frutas y verduras de proximidad, estarán en nuestra mesa al poco tiempo de ser recogidas, por lo tanto, la pérdida de nutrientes por el paso del tiempo se verá muy reducida. Al consumir solamente productos de temporada, ya hemos visto que su carga nutricional es mayor. Y, por supuesto, aunque esté muy controlado por las autoridades sanitarias, siempre es mejor ingerir un 0 % de esos productos químicos (pesticidas, plaguicidas...) que cualquier cantidad por pequeña que sea.

46

light

¿QUÉ SIGNIFICA *LIGHT*?

Cada vez son más las marcas que se valen de la etiqueta *LIGHT* en grandes letras y colores llamativos como herramienta de *marketing*, para que el consumidor se decante por estos productos en apariencia más saludables. Pero ¿qué son realmente los alimentos *light*?

En España, para que un fabricante pueda utilizar la denominación *light* en su etiqueta debe ser un producto cuyo valor energético sea, como mínimo, un 30 % más bajo del producto de referencia, del producto «normal», del «no *light*». Esto nos puede llevar a un engaño: por ejemplo, 100 gramos de mayonesa (la medida estándar) contienen de promedio 490 kcal; con que contuvieran 303 kcal ya se podría poner la palabra *light* en su envase. Pero ¿significa esto que es más saludable? Pues no siempre, porque sigue siendo un gran número de calorías y depende de cómo las hayan conseguido disminuir. Si la marca opta por bajarlas reduciendo las grasas saludables y manteniendo las saturadas, las menos saludables, seguiría siendo un producto muy poco recomendable. Cuando se retiran parte de las grasas se suelen sustituir por espesantes y saborizantes artificiales.

Es decir, un alimento *light* presenta un menor número de carga energética, de calorías, pero eso no significa que estos productos sean de una mayor calidad ni más beneficiosos; este concepto no mide la calidad del alimento sino el aporte de energía.

Otro sector muy común en esta práctica son los refrescos; en este caso no reducen grasas sino azúcares, o sustituyen los azúcares por edulcorantes químicos, nada recomendables tampoco. Entre los más utilizados y a la vez más discutidos están el aspartamo, el ciclamato, la sacarina, la estevia líquida…, de los que ya hemos hablado.

47

¿ES REALMENTE «INTEGRAL»?

En muchas ocasiones os hemos hablado de las ventajas de panes, pastas, harinas y sus derivados integrales frente a los refinados, como, por ejemplo, una mayor cantidad de minerales, vitaminas y ácidos grasos beneficiosos, un mayor porcentaje de fibra, fundamental para nuestra salud intestinal, un menor índice glucémico, lo que evita subidas repentinas de azúcar en sangre... Teniendo claras sus ventajas, ¿cómo podemos saber si un alimento es integral o nos están tomando el pelo? Si consumimos directamente los granos (arroz, espelta, trigo sarraceno, centeno...) lo tenemos muy fácil; en el etiquetado debe indicar si es integral o no lo es y en este caso no hay dudas, pero la dificultad se presenta cuando consumimos estos cereales en forma de harinas, pastas, panes, galletas... Siempre nos queda la duda de si es 100 % integral o está mezclado.

La legislación en nuestro país no es nada clara al respecto; es posible encontrarse un pan con un 100 % de harina refinada y que puedan poner en su etiquetado «integral» simplemente porque le han añadido fibra, pero esto no quiere decir que la materia prima sea integral: que tenga fibra añadida o que pongan «rico en fibra» no significa que ese producto sea integral. En muchas ocasiones se piensa que si miramos su etiqueta y vemos que contiene más de 6-8 % de fibra ya es integral, pero puede ser fibra añadida.

La forma más fácil para saberlo es mirar su etiqueta y que el primer ingrediente que aparezca sea harina integral; con esto ya sabemos que el mayor porcentaje de harina utilizada es la integral. Si simplemente pone «harina», «harina blanca» o «harina refinada», el mayor porcentaje es de este tipo de harina que no nos interesa tanto. Podemos pensar que puede tener un 51 % de integral y un 49 % de refinada; pues sí, los fabricantes no están obligados a indicar el porcentaje de cada harina. Por ello, debemos fiarnos de aquellas marcas que sí indican los porcentajes.

Lo ideal sería que ese pan o pasta estuviera elaborado con un 100 % de harina integral. Podemos encontrar este tipo de productos en tiendas ecológicas o herbolarios; cierto que son más caros, pero mucho más nutritivos y, por lo tanto, nos saciarán antes.

También tenemos que tener precauciones con el tipo de harinas empleadas; nos pueden indicar en el etiquetado «pan de espelta o de centeno» y después, al leer detenidamente los ingredientes, vemos que es mezcla de centeno y trigo blanco; en este caso sí deberían indicar los porcentajes de cada uno.

Lo mejor es tener una panadería de confianza, que hagan el pan en el mismo sitio en que lo compras, así será muchísimo más difícil que nos «engañen».

48

PUES SIEMPRE SE HA COMIDO ASÍ Y NO HA PASADO NADA...

En muchísimas ocasiones seguro que hemos escuchado, cuando se habla de algún alimento poco saludable:

"Pues toda la vida se ha comido tal alimento y nunca ha pasado nada, mi abuela lo comía y vivió hasta los 90 años".

Al realizar este razonamiento dejamos pasar muchísimas cosas por alto. ¿A qué nos estamos refiriendo con «toda la vida»? Del ser humano, del *Homo sapiens*, de nuestros parientes más cercanos (nos podríamos ir mucho más lejos) se han encontrado restos de hace 195.000 años, a los que habría que sumar otras decenas de miles de evolución. Si con «toda la vida» nos referimos a los últimos 70 u 80 años (lo que nuestros abuelos nos han contado que comían), ¿qué son 80 años en una evolución de 195.000? Prácticamente nada, una anécdota, un granito muy pequeño de arena; nosotros somos fruto de estos miles de años de evolución.

Pero bueno, está bien, aceptemos la referencia de nuestros abuelos y concluyamos que lo que ellos comían poco tiene que ver con lo que nosotros comemos. Para hacernos una idea, en la actualidad están registrados más de 2.500 aditivos (colorantes, conservantes, aromatizantes, edulcorantes...) que se agregan a los alimentos para que duren más, para que tengan buen color, para darles un sabor artificial o imitar al natural que han perdido; hace 70 u 80 años, los conservantes eran la sal, el vinagre..., productos naturales.

¿Realmente creemos que la leche que tomaban nuestros abuelos tiene algo que ver con la que compramos en el supermercado? Prácticamente nada o muy poco. Para empezar, ni siquiera los supermercados existían: hasta los años setenta no empezaron a aparecer los primeros en España en grandes ciudades, y hasta los ochenta no se popularizaron como los conocemos hoy, hace apenas 30 años. Antes se cultivaba en el huerto propio, se hacía trueque con los vecinos para tener una dieta completa y, sobre todo, se cocinaba siempre en casa.

Una de las bases fundamentales de la buena alimentación es cocinar en casa, controlando cada uno de los ingredientes y de las elaboraciones que después comemos. Nuestros abuelos no recurrían a los productos procesados, precocinados de la industria, y lo de ir a un restaurante era un auténtico lujo al alcance de muy pocos; apenas utilizaban el azúcar, ya que era un bien escaso y caro; la bollería no estaba presente en su dieta, y algo también muy importante, el ejercicio físico estaba muy presente, bien en el campo, bien en la ganadería, bien yendo a por agua, en el lavadero... Actualmente, pasamos muchísimas horas sentados en la oficina o delante de la televisión, el ordenador o el móvil, comiendo incluso delante de estos aparatos y a toda prisa.

El «no ha pasado nada o no pasa nada» también habría que matizarlo. ¿De dónde vienen las actuales epidemias de colesterol alto, el aumento de la incidencia del cáncer, la diabetes, la hipertensión, etc.? Pues, en su inmensa mayoría, de los malos hábitos alimenticios y del sedentarismo.

...YA NO SE PUEDE COMER DE NADA

Es tan brutal el *marketing* de la industria de la alimentación que en pocas décadas, desde que comenzó a financiarse la televisión con publicidad, ha marcado, ha dirigido completamente nuestra forma de alimentarnos, y pensamos que no hay otras formas de comer. Es normal que cuando queramos hacer el cambio en la alimentación estemos perdidos porque tenemos muy asumido que en el desayuno debe haber bollería, que no está mal tomar alcohol, que si me dan ya un plato precocinado, qué bien, cuánto trabajo me quitan... Todo esto es fruto de la sociedad de la velocidad y falta de tiempo que hemos creado.

Si nos damos cuenta, casi la inmensa, inmensísima mayoría de aquellos productos que no son recomendables son alimentos procesados de reciente creación, como toda la comida rápida, los envasados, los cocinados en 5 minutos en el microondas, etc. Están muy alejados de lo natural, de lo que comían nuestros abuelos no hace muchas décadas. Y algunos alimentos que sí tomaban nuestros antepasados, ahora no son muy convenientes por el estilo de vida sedentario que llevamos; antes se trabajaba en el campo, la gente no pasaba horas delante del ordenador o la televisión.

Tanta información, a veces contradictoria, puede abrumar sobre todo en un campo, la nutrición, en constante cambio y evolución. Pero si damos el paso, veremos que no es tan complicado, solo hace falta tiempo, ideas, volver a cocinar en casa siempre que sea posible, realizar una compra consciente, no llevados por los impulsos o únicamente por el gusto, visitar más el mercado y menos el supermercado y poner siempre en cuarentena los mensajes publicitarios relacionados con la alimentación. El agricultor, las pequeñas empresas artesanales que cuidan el alimento, los productores de proximidad..., no tienen dinero para anunciarse en este tipo de plataformas.

Hay decenas y decenas de productos saludables, sabrosos, muy nutritivos que podemos incluir en nuestra dieta y que hemos visto en este libro.

Y, por favor, eliminemos para siempre la frase «de algo hay que morir»; al final morirse es un mero trámite, unos pocos segundos, lo peor son todas las dolencias que pueden complicar nuestra vida y la de la gente que nos rodea por una mala alimentación y unos malos hábitos.

04.

BUENOS Y MALOS HÁBITOS

PRACTICAR LA MEDITACIÓN

Para que esta práctica sea efectiva se debería realizar de forma diaria, al menos 10 o 15 minutos al día, mucho mejor por la mañana; no hay ningún problema en realizarla a cualquier otra hora, pero sí incluirla como una tarea más en nuestras rutinas.

CÓMO MEDITAR Lo primero que deberíamos hacer sería encontrar un lugar tranquilo, lo más silencioso posible, y colocarnos en la postura tradicional de meditación o sentarnos en una silla, en una posición que nos resulte cómoda, teniendo en cuenta que lo más importante es mantener la espalda recta para no sucumbir al sueño. Seguidamente, ponemos las manos en el regazo, por debajo del ombligo, las palmas hacia arriba, la mano derecha encima de la izquierda y los pulgares tocándose. Inclinamos un poco la cabeza y cerramos los ojos (algunos expertos consideran que es mejor tener los ojos mínimamente abiertos, pero yo soy incapaz de concentrarme así) y focalizamos toda nuestra atención en la respiración, toda la actividad cerebral debe centrarse en la respiración. Un truco para concentrarnos mejor es sentir de manera consciente ese pequeño cosquilleo que se produce justo a la entrada de la nariz cuando entra y sale el aire; otro sería apreciar como el aire que entra es más frío y más caliente el que expulsamos. No debemos alterar nuestra respiración habitual, no hay que hacer grandes inspiraciones, hay que respirar como siempre e intentar olvidarnos de todo lo demás.

Es absolutamente habitual que en las primeras sesiones nos resulte muy difícil evitar cualquier tipo de pensamiento; surgirán muchos, nos despistaremos y nos olvidaremos de la respiración. Cada vez que esto ocurra, debemos reconocer el pensamiento que nos mantiene ocupados y dejarlo pasar, volviendo a poner de nuevo toda nuestra concentración en la respiración y procurando no pensar en «no sé meditar», «no me estoy concentrando». A todos nos pasa incluso después de meses de práctica, pero con paciencia y con el ejercicio diario esas distracciones cada vez serán menores y más débiles.

Una de las partes más bonitas de todo este proceso es que justo antes de abrir los ojos podemos dedicar cada meditación a un asunto que nos parezca importante; puede ser algo personal o universal, desde «para salir de la situación negativa en la que me encuentro ahora», hasta «para que el amor triunfe en el mundo» y así crear, imaginariamente, un lugar donde van todas nuestras meditaciones.

beneficios

1 Logramos que la mente se relaje, le damos un descanso del incesante trabajo al que está sometida. **2** Rebajamos tensiones, reducimos el estrés, conseguimos una agradable sensación de tranquilidad. **3** Es muy útil en problemas de trastorno del sueño, etapas depresivas, de ansiedad. **4** Favorece la concentración. **5** Merece la pena sacar esos minutos al día, para dedicártelos a ti.

ALEJA EL SEDENTARISMO, SAL A CORRER

Ya hemos hablado de los interesantes beneficios del ejercicio físico y ahora nos toca hacerlo del lado contrario: el sedentarismo, la falta de actividad física, uno de los grandes males de la sociedad actual. El 60 % de la población mundial no realiza la actividad física recomendada para una buena salud, y especialmente preocupante resulta que el 80 % de los niños y adolescentes se encuentren en esta situación. De nuevo, la OMS nos alerta de que la inactividad física puede derivar en sobrepeso, problemas cardiovasculares y diabetes; se sitúa en el cuarto factor de riesgo de mortalidad más importante a nivel global, justo debajo del tabaco. Y un dato demoledor, las personas que no realizan ejercicio habitualmente tienen entre un 20 y un 30 % más de posibilidades de morir de forma prematura.

La falta de ejercicio unida a una dieta mal planificada derivará con toda probabilidad en problemas de sobrepeso y obesidad, lo que muchos consideran la epidemia más importante en todo el mundo. Este año la gente que muere por un exceso de alimentación ha superado a la que lo hace por hambre, ¡una auténtica locura!

El sobrepeso y la obesidad están a la cabeza del riesgo de padecer enfermedades del corazón, del cerebro, diabetes (especialmente significativos los casos que están creciendo a un ritmo vertiginoso en niños y adolescentes); también se asocian a la artrosis y a los problemas locomotores (relacionados con el movimiento). El Foro Mundial para la Investigación del Cáncer afirma que "la relación entre la inactividad física y el cáncer es sólida", especialmente en los de colon y mama. Por otro lado, cabe recordar que el hombre lleva una vida sedentaria desde hace pocas décadas, desde que nos sentamos a ver la televisión durante horas, cuando el "reparto de la riqueza" nos permitió adquirir vehículos y movernos a todas partes con ellos... El ser humano durante miles de años ha sido activo en todas las etapas de la historia: en busca de alimento, de agua, luchando contra otros enemigos por el territorio, etc.

Así pues, los problemas reales de este sedentarismo actual son todavía pocos comparados con los que veremos de forma más pronunciada en las próximas décadas, cuando esta falta de actividad sea cada vez más pronunciada y afecte a futuras generaciones. Lo bueno, buenísimo, es que tenemos la fórmula para evitarlo: levántate y sal a correr, eso sí, llévate este libro para cuando hagas una paradita.

¿POR QUÉ DORMIR 8 HORAS?

No es únicamente un hábito saludable, sino imprescindible para la vida. No podríamos vivir si no durmiésemos, ya que el sueño regula, influye y afecta a todos los procesos biológicos, y especialmente al que nos ocupa, la nutrición. Para un cuerpo bien nutrido es importantísimo descansar, no solo suficiente número de horas sino que sean confortables, tanto por los materiales (colchón, almohada...) como por la ergonomía de los mismos. En cuanto a las horas, un adulto estaría en condiciones de afrontar el día después de dormir 7 u 8 horas y un niño, de 8 a 10 horas, dependiendo de su edad. Hablamos de horas efectivas, porque podemos tardar en dormirnos. También hay desajustes que nos hacen dormir mal: el insomnio leve, que se calcula que afecta a un 40 % de la población mayor de 45 años, y el insomnio grave o profundo, a un 23 % de la población europea. Sin embargo, suponen únicamente el 6 % de las consultas médicas; de esto se deduce que le damos poca importancia a algo vital. Deberíamos tomar cartas en el asunto las primeras veces que nos ocurra para atajarlo y que no se convierta en algo crónico.

Dormir cómodo y las horas necesarias refuerza nuestro sistema inmune; nuestro corazón nos lo agradece, ya que durante el sueño puede rebajar su trabajo, lo que hace que no lo agotemos tanto. También mientras dormimos quemamos calorías; sobre todo metabolizamos los excesos de grasas, hasta un 55 % más que si dormimos de manera irregular. Y uno de sus mejores beneficios es que equilibra el sistema nervioso; todos hemos experimentado ese nerviosismo durante el día si no hemos dormido bien, y si esto se alarga en el tiempo puede provocar serios problemas para nuestra salud, y es una de las causas del estrés, que a su vez propicia la mala absorción de los nutrientes.

Como siempre, no conviene irse a los extremos, es decir, dormir muchas horas, porque sobre todo afecta a nuestro cerebro, a la rapidez mental, al aprendizaje, a la concentración... Esto se debe a que cuando dormimos llega menos sangre a nuestro cerebro, la circulación sanguínea es más lenta y las neuronas se vuelven más vagas. Lo mismo ocurre con las células del corazón; el corazón bombea más lento en el sueño y es necesario que sea así 7 u 8 horas, pero si todos los días nos pasamos de 10 horas, a la larga también se pueden volver más perezosas.

Hay estudios que afirman que una causa del insomnio (más allá del estrés, las preocupaciones...) se debe a la falta de ácido fólico o vitamina B9. Este ácido lo encontramos en las verduras de hoja verde, en el plátano, la naranja, el aguacate, la papaya, y en los cereales integrales (sobre todo en el arroz integral). El triptófano, además de ser eficaz contra la ansiedad, la depresión y los desajustes en el sistema nervioso, está indicado para conciliar el sueño; lo contienen los frutos secos y las legumbres. También son efectivas las infusiones de manzanilla, angélica, tila o pasiflora.

EL ESTRÉS

es una respuesta de nuestro organismo ante determinados peligros o ante lo que nosotros consideramos un peligro. Es una reacción necesaria, muy útil sobre todo para nuestros antepasados, cuando las situaciones amenazantes eran mucho mayores que las actuales y la lucha por la supervivencia se libraba cada día. El problema es que ahora este mecanismo salta como un resorte cuando las situaciones no son de auténtico peligro, cuando no está en juego nuestra vida en ellas. Tenemos miedo por llegar tarde a algún lugar, nos cargamos de más trabajo del que podemos llevar a cabo, nos enredamos en conflictos absurdos con la pareja, con los compañeros de trabajo..., pero en ninguna de estas circunstancias hay un riesgo grave, de modo que debemos analizarlas y relativizar. Hay mucha gente con tendencia a preocuparse en exceso e, inconscientemente, a agravar los problemas. Si hay personas con grandes responsabilidades que no experimentan el estrés, que son resolutivos con sus problemas, nosotros también podemos.

El estrés continuado puede provocar serios problemas en nuestro sistema nervioso, con subidas y bajadas de ánimo, irritabilidad, agresividad, insomnio... provocando a medio y largo plazo problemas físicos. Los órganos más afectados son el corazón, a través de arritmias, la presión arterial alta y, sobre todo, los intestinos: la colitis ulcerosa, la enfermedad de Crohn y la diverticulitis tienen en un alto porcentaje su origen en problemas relacionados con el estrés.

también ataca a los nutrientes

En cuanto a los nutrientes, el estrés propicia que el hígado segregue bilis en exceso, que el ritmo cardiaco se acelere (las arritmias que acabo de comentar), la respiración se entrecorte, pero lo más importante nutricionalmente es que las digestiones se ralentizan porque nuestra sangre y nuestra atención están destinadas a protegernos de esos "peligros" y el cerebro no puede dedicar los recursos necesarios a la digestión. La consecuencia es que muchos nutrientes no se aprovechan como es debido; además, este problema se acrecienta debido a que en los períodos de estrés solemos, o bien comer menos, o pegarnos grandes atracones, ingerimos de una forma muy rápida sin apenas masticar, tenemos unos horarios descontrolados... Según varios estudios, se ven afectadas principalmente las vitaminas del grupo B, la vitamina C y determinados minerales como el hierro y el magnesio.

Si no logramos controlar ese estrés, si se alarga en el tiempo y se nos escapa de las manos, no dudéis en contactar con un profesional, porque es un tema muy serio con graves consecuencias a la larga.

EJERCICIO FÍSICO

LOS BENEFICIOS

Resulta imposible no admitir que el ejercicio físico es un factor importantísimo para una buena salud. En este punto no nos extenderemos demasiado, ya que no es la misión de este libro, solamente citaremos algunas de sus ventajas:

1 Es un hábito que nos ayuda a eliminar el exceso de líquidos en nuestro cuerpo, por ejemplo, mediante el sudor. **2** Gracias a la sudoración expulsamos toxinas. **3** Activamos la circulación sanguínea, previniendo problemas cardíacos y reduciendo la presión arterial. **4** Esta «limpieza» activa y potencia el trabajo del circuito linfático. **5** Aumenta la resistencia de nuestro corazón y la capacidad pulmonar. **6** Activa el sistema inmunitario, da vigor a nuestras defensas para enfrentarnos a las enfermedades. **7** Ayuda a la salud de los huesos, ya que aumenta su densidad, previniendo la osteoporosis. **8** Nos sirve para hacer un «reseteo» de los problemas acumulados; ponemos nuestro cerebro en punto muerto para resolverlos de manera más clara tras el ejercicio. **9** Es eficaz para aumentar la concentración. **10** Mientras hacemos ejercicio quemamos calorías, por lo tanto, es útil si estás pensando en adelgazar o en no engordar.

Todos estos motivos son suficientes para hacer ejercicio de manera habitual, pero quiero destacar uno de sus beneficios porque fue el que más me sorprendió cuando comencé a tomármelo en serio: al ejercitar nuestro cuerpo segregamos una mayor cantidad de endorfinas, la llamada hormona del amor o del placer.

Antes de empezar en el gimnasio (aunque os recomiendo mejor deportes al aire libre), un amigo me dijo que los primeros días al terminar cada entrenamiento notaría una sensación como de estar enamorado... Yo pensaba que estaba loco, pero me equivocaba: los primeros días me iba dando un paseo a casa de una media hora y en el trayecto tenía esa sensación, sonreía a todo el mundo, acariciaba a cada perrito que me encontraba y no estoy exagerando, además, esta sensación tan placentera engancha.

Tampoco hay que hacer muchísimo ejercicio y dedicarle muchas horas para notar estos beneficios. Con 2 o 3 horas a la semana estaría bien, pero no 2 horas caminando y charlando, hay que sudar, los ejercicios deben tener cierta intensidad, y que al terminar tengamos una ligera sensación de cansancio. Podéis dividirlos en sesiones diarias de 20 o 30 minutos para no saturaros; la mayor parte de la gente deja de ir al gimnasio porque se mete palizones de una hora y media con ejercicios de gran intensidad y luego tienen agujetas por todos lados y desisten (el mejor remedio contra las agujetas es el té verde de tres años, del que hemos hablado en el apartado dedicado al agua y otras bebidas). Hay que sudar pero sin acabar sin aliento; en la moderación, como en todo, está la clave.

EL TABAQUISMO

Todos sabemos que el consumo de tabaco supone un riesgo elevadísimo para nuestra salud: aumenta la posibilidad de padecer enfermedades crónicas, especialmente pulmonares y cardiovasculares, y, significativamente, el cáncer. Según datos de la OMS, en el mundo mueren 6 millones de personas al año por el tabaquismo, y el 50 % de los fumadores sufrirá algún tipo de enfermedad seria por ello (ataque al corazón, neumonía, bronquitis crónica, enfisema pulmonar...); de todos estos, 600.000 son fumadores pasivos (especialmente niños): no fuman sino que inhalan el humo de otros, humo que contiene nada menos que unos 250 productos químicos perjudiciales para nuestra salud, unos 100 muy perjudiciales y más de 50, causantes de cáncer. Sin duda, dejar este mal hábito no es una tarea fácil porque es tremendamente adictivo, pero son suficientes motivos para proponérselo.

En cuanto a lo que nos atañe, la nutrición, el tabaco es uno de los "productos" que mayor cantidad de radicales libres produce en nuestro organismo. Estos elementos atacan directamente a nuestras células favoreciendo su envejecimiento prematuro y su crecimiento irregular asociado al cáncer. Si fumamos, gran parte de nuestras vitaminas, especialmente las vitaminas E, A y C, se destinarán a combatir enérgicamente estos radicales (sin conseguirlo en muchas ocasiones), provocando que descuiden el resto de sus funciones o que se produzca un déficit importante de las mismas por las grandes cantidades que se utilizan; es como si el tabaco agotara las reservas de muchos nutrientes, también de los carotenos y de minerales como el cinc, el manganeso y el cobre.

Además de por el humo aspirado, fumar durante el embarazo es un hábito de alto riesgo, ya que el tabaco actúa directamente contra la correcta absorción del ácido fólico (vitamina B9), fundamental para el desarrollo del feto, y ello puede derivar en neonatos con problemas de peso y estatura.

Otro de sus efectos habituales es encontrarnos falta de vitamina B12 en los fumadores, ya que esta se emplea para neutralizar los efectos adversos de la cianidina, que se inhala con el humo del tabaco. Como ya hemos visto, el déficit de esta vitamina desestabiliza nuestro sistema nervioso, generando problemas de estrés, ansiedad... que tratamos de calmar fumando más, lo que nos introduce en un bucle de difícil salida.

EL ALCOHOL, UN PROBLEMA MÁS SERIO DE LO QUE PENSAMOS

La ingesta de alcohol es otro hábito nocivo todavía más introducido en nuestra sociedad que el tabaco debido a que se asocia a momentos de celebración, de felicidad...; una asociación algo perversa, ya que propicia su consumo de manera habitual y, en algunos casos, los más peligrosos, se convierte en una droga para evadirnos de nuestros problemas cotidianos. El alcohol nos produce una sensación de seguridad que en nuestra vida habitual nos puede faltar, lo que deriva en problemas de alcoholismo con dramáticas consecuencias para nuestra salud y la de la gente que nos rodea.

El 6 % de los fallecimientos que se producen en todo el mundo se debe al consumo de bebidas alcohólicas, lo que equivale a 3,3 millones de muertes. Casi el 20 % de las enfermedades crónicas derivan de su ingesta, y a él están asociadas más de 20 patologías y trastornos, especialmente los mentales (demencia, trastorno bipolar, depresión...), así como los relacionados con el hígado, los riñones y el sistema inmunológico; este último es especialmente relevante, ya que el alcohol agota nuestras defensas, lo que supone la vía de entrada perfecta para numerosas enfermedades (datos de la OMS).

Sin duda, las bebidas de mayor graduación son las más peligrosas (ron, ginebra, vodka, whisky...), ya que elevan de manera exagerada la glucosa en sangre y esto puede derivar, con el consumo habitual, en casos de diabetes; esto aumenta peligrosamente si las mezclamos con refrescos altamente azucarados, es decir, prácticamente con cualquiera. El alcohol tiene lo que se conoce como calorías vacías, muchas calorías y prácticamente ningún nutriente, lo que provoca que se puedan convertir en grasas fácilmente. Aquello tan popular de que el alcohol engorda, pues es completamente cierto.

En cuanto a las vitaminas, interacciona de manera negativa con la vitamina B1 o tiamina, necesaria para el equilibrio de nuestro sistema nervioso, para la salud del corazón y del estómago. Con la ingesta de alcohol se produce una pérdida importante de vitamina B6 a través de la orina, fundamental para nuestros músculos, de ahí el típico agarrotamiento muscular cuando nos hemos pasado con la bebida.

El cinc y el selenio son los minerales que se ven más afectados y, por lo tanto, como con el tabaco, nuestras defensas. Pero sin duda lo que más nos afecta nutricionalmente es que impide que el calcio que circula en nuestra sangre se adhiera a los huesos, y ello puede derivar tras un consumo prolongado en problemas con nuestros huesos.

Como creo que todos o casi todos lo hemos experimentado en alguna ocasión, ya sabréis que el exceso de alcohol afecta de manera determinante a nuestro cerebro, a sus células, a sus neurotransmisores; de ahí los mareos, la sensación de irrealidad, de pérdida de la noción espacio-temporal, los problemas en el control de nuestros movimientos... Todo esto puede derivar en serios daños cerebrales (pérdida de memoria, lenta regeneración celular...), además de alterar gravemente el sistema nervioso con períodos de euforia y depresión, aparición de ansiedad, psicosis, paranoias, etc.

Hay bebidas alcohólicas que tienen muy buena prensa, como la cerveza o el vino. Esta buena fama, desde hace no muchos años, se debe al poder económico de su industria para encargar informes favorables y al apoyo de los Gobiernos, ya que suponen una buena fuente de ingresos. Si somos algo más críticos, también nos mantienen entretenidos y algo «aletargados» por sus efectos. Vamos a hablar de ellos.

CERVEZA Mucho se ha comentado que contiene una gran cantidad de nutrientes, especialmente minerales y vitaminas, pero si vemos su tabla nutricional nos daremos cuenta de que esto no es cierto, ya que no tiene una carga nutritiva interesante. Se ha aconsejado para los deportistas después de hacer ejercicio por sus minerales, pero dos datos rápidos: un plátano contiene hasta 10 veces más potasio que esta bebida y hasta 5 veces más magnesio, dos de los minerales más interesantes para después de hacer ejercicio; además, el alcohol nunca debe utilizarse para hidratarse, para eso ya tenemos el agua. Presenta todos los inconvenientes que acabamos de ver del alcohol. La recomendación sería el consumo cero, pero si a pesar de ello la seguimos tomando, que no sea más de 2 vasos a la semana. En la cerveza sin alcohol debemos fijarnos si realmente no lo contiene, ya que algunas llevan pequeñas cantidades.

VINO También presenta los aspectos negativos que hemos visto con las bebidas alcohólicas. Contiene polifenoles, como el resveratrol, útiles para prevenir enfermedades cardiovasculares, ya que mejora la elasticidad de los vasos sanguíneos y nos ayuda a reducir el colesterol; pero el resveratrol también lo podemos encontrar en los frutos rojos, el chocolate negro o los cacahuetes. Tiene interesantes antioxidantes, como los flavonoides, que previenen varios tipos de cáncer; también los contienen el brócoli, la coliflor, la manzana, los arándanos, el chocolate negro, el limón... Es decir, que podemos obtener los mismos beneficios del vino con otros alimentos sin tener los inconvenientes del alcohol. Olvidaos de aquello de tomarte una copa de vino al día, es pura publicidad.

05.

20 ALIMENTOS IMPRESCINDIBLES

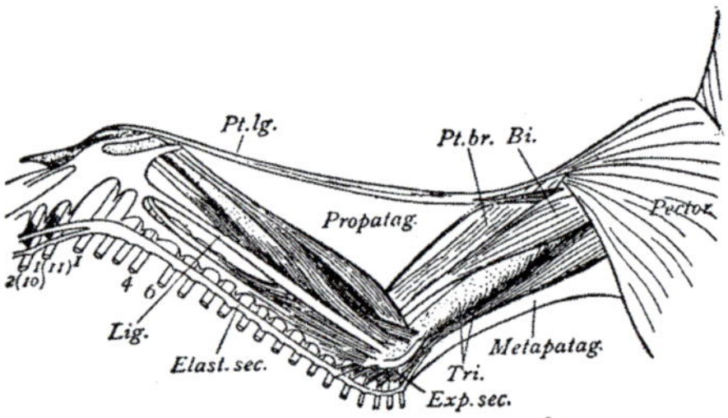

es ideal tomarlo después de hacer ejercicio, nuestros músculos nos lo agradecerán

EL PLÁTANO

Regula los niveles de colesterol y disminuye la hipertensión. Nos aporta energía tanto para trabajos intelectuales como físicos por su contenido en potasio y magnesio. Su triptófano en una buena cantidad alivia problemas de ansiedad y estrés, y también los dolores menstruales. Reduce el riesgo de sufrir infarto y calambres musculares. Es ideal durante el embarazo por su dosis de ácido fólico, y también para evitar las náuseas. Es otro alimento aconsejable para ir al baño con regularidad. Es una fruta que deberíamos tomar a diario, por ejemplo, a media mañana o a media tarde, cuando necesitamos un extra de energía para continuar con nuestro trabajo o estudios. Hay que olvidar la creencia de que el plátano engorda mucho; un único plátano sin cáscara no pesa mucho, por norma general la mitad que una manzana, por lo tanto, comernos un plátano equivale aproximadamente a comernos una manzana en cuanto a calorías, ya que suele pesar el doble que el plátano.

LAS ALMENDRAS

el fruto seco perfecto para el cerebro incansable de los niños

Por su alto contenido en calcio y en magnesio, ayudan a mantener sanos y fuertes nuestros huesos. Por su triptófano, son buenísimas para nuestro sistema nervioso, disminuyen la ansiedad, el estrés, la irritabilidad, el insomnio.... Debido a su contenido en fósforo, son muy útiles para el correcto funcionamiento cerebral, y recomendadas para tareas intelectuales, especialmente en los niños. Nos ayudan a combatir los radicales libres. Su potasio ayuda a prevenir enfermedades del corazón. También por su vitamina E, son interesantes para el cuidado de la piel. Siempre debemos consumirlas en crudo, sin tostar, sin salar y mejor con piel. Deberíamos tomar 4 o 5 todos los días, pero mejor no nos pasemos de esta cantidad por la gran carga calórica que tienen.

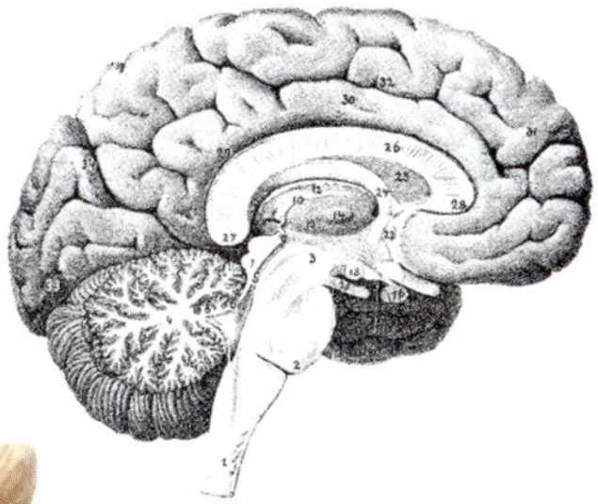

LA MANZANA

La pectina que contiene su piel ayuda a prevenir el cáncer (especialmente de colon), controla la cantidad de azúcar en sangre, nos ayuda a reducir el colesterol, mantiene la salud de nuestras arterias y corazón, y en combinación con su quercetina, también previene problemas respiratorios como el asma o los procesos inflamatorios como la artritis.
Hay que tener en cuenta que si la fruta no es ecológica debemos lavarla muy, muy, muy bien o es mejor pelarla por la cantidad de químicos, pesticidas... que puede contener. Es de las poquísimas frutas aconsejables como postre por su contenido en ácido málico y tartárico, que nos ayudan a digerir las grasas.
Su vitamina E nos ayuda a mantener sana nuestra piel. Por su alto contenido en potasio, reduce la acumulación de líquidos, evita calambres y reduce la presión arterial. Además, también es eficaz contra el estreñimiento por su contenido en fibra.
Debería ser una de las principales frutas de nuestra alimentación, tomándola varias veces a la semana.

con una manzana al día mantendremos en forma nuestro corazón

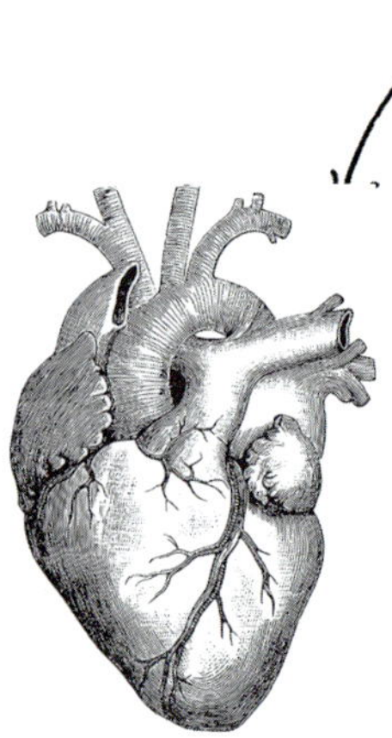

LA CANELA

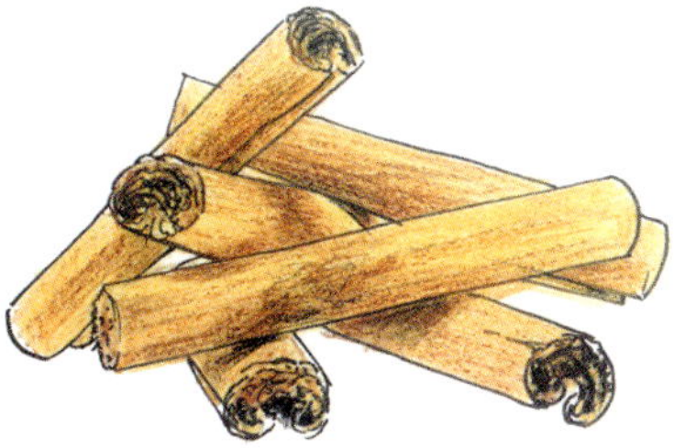

Una pizquita cada día en nuestra leche vegetal o en nuestra infusión nos ayudará a controlar la producción y eliminación de gases. Regula la glucosa en sangre, contiene antioxidantes que protegen e hidratan nuestra piel, es un buen relajante muscular, es eficaz contra los dolores menstruales, ayuda a mantener nuestros huesos fuertes...
Es uno de los alimentos que más calcio contienen (1.228 miligramos cada 100 gramos), también potasio, fósforo, magnesio, hierro y vitamina C. Debemos fijarnos en que sea de la variedad de Ceilán; lo pone en los envases. Otras variedades de canela contienen un antígeno que impide la correcta absorción de algunos nutrientes.

si la utilizamos en nuestras infusiones podemos olvidarnos de los gases

no engorda especialmente, son grasas muy saludables

EL AGUACATE

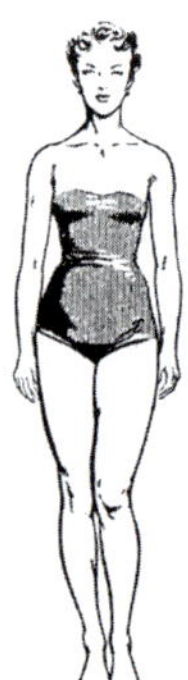

Su contenido en grasas saludables ayuda a regular los niveles de colesterol, a bajar los triglicéridos, y a mantener y mejorar la salud de nuestras arterias, previniendo algunas enfermedades cardiovasculares. Contribuye a regular la hipertensión, disminuye la inflamación de las articulaciones (artritis), refuerza nuestro sistema inmunológico, y su alto contenido en vitamina E hidrata y protege nuestra piel y cabello. Con medio aguacate al día aprovecharíamos todos sus beneficios, y no hay que preocuparse por engordar porque al contener un gran porcentaje de grasas poliinsaturadas resulta más complicado que se almacenen en nuestro organismo. No olvidéis que debemos contar nutrientes y no únicamente calorías.

LA CÚRCUMA

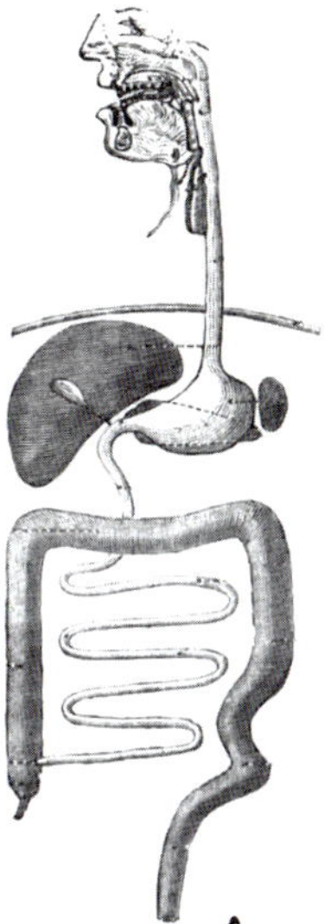

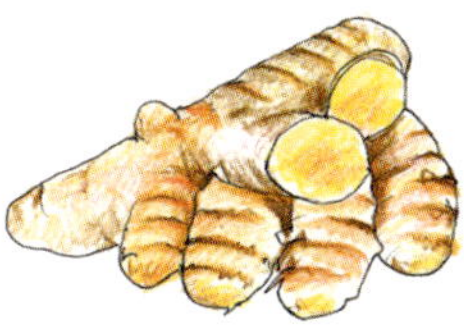

Es una planta de la familia del jengibre. Ideal para el estómago, ya que su zingibereno actúa contra las úlceras, favorece la digestión y evita los gases. Por su eugenol, borneol y turmenona, se aconseja para proteger nuestro hígado, especialmente en problemas de hígado graso, cirrosis, colesterol alto... Previene contra la formación de piedras en la vesícula y ayuda a su eliminación. Por sus betacarotenos, curdiona y limoneno, se la considera un potente preventivo contra el cáncer, principalmente en los de mama, colon y piel. La podemos utilizar en guisos y ensaladas; en polvo es un perfecto sustitutivo del colorante artificial (un ingrediente totalmente químico) en arroces, y les daremos un color y un sabor muy apetecibles.

pongámosla en guisos de legumbres, haremos su digestión más ligera

LOS FRUTOS ROJOS

Dentro de este grupo incluimos fresas, granadas, arándanos, frambuesas y moras. Aunque hay diferencias entre ellos, podemos destacar que tienen en común un alto contenido en polifenoles, que nos ayudan a prevenir enfermedades cardiovasculares, y también controlan la glucosa en sangre reduciendo la posibilidad de padecer diabetes (especialmente la granada y las fresas). Son útiles contra el envejecimiento celular al combatir los radicales libres y las infecciones, ya que tienen potentísimos antioxidantes como la vitamina C, vitamina E y flavonoides. Al contener potasio y bajos niveles de sodio, ayudan contra la retención de líquidos, controlan la hipertensión, la artrosis y la gota. Son los aliados perfectos de nuestra piel, solucionando problemas de acné, puntos negros, manchas...; se pueden triturar y aplicar directamente en la cara, brazos, manos, etc. Los arándanos, las frambuesas y las moras son especialmente eficaces porque aumentan nuestras defensas y refuerzan nuestro sistema inmunológico.

las mejores armas para nuestro ejército de defensas

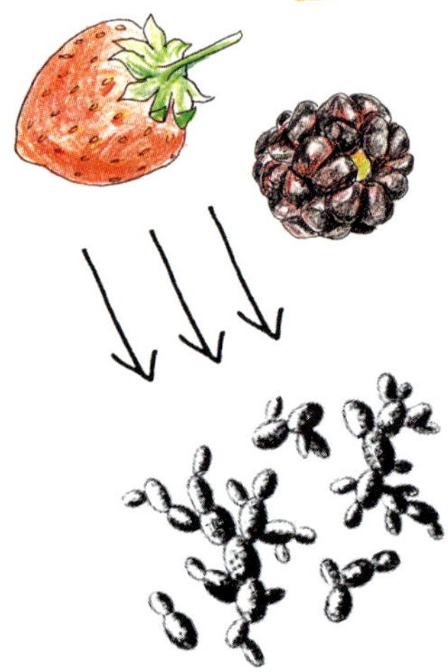

EL GERMEN DE TRIGO

controla el exceso de colesterol con 1 cucharada al día

Quizás sea menos conocido que el resto de los alimentos de esta sección, pero es muy aconsejable agregarlo a nuestra dieta diaria. Con una cucharada tendríamos suficiente, pero queda prohibido si se padece intolerancia al gluten. El germen es la parte más blanda del trigo y la que mayor número de nutrientes almacena, pero no lo encontramos en el pan o en los productos obtenidos del trigo refinado porque es la parte con más ácidos grasos y si los dejaran en estos alimentos procesados se enranciarían y no se podrían vender. Lo podemos encontrar en herbolarios y tiendas ecológicas; tiene un precio muy asequible y si lo conservamos en un tarro de cristal nos durará bastante. Gracias a su contenido en omega-3 y ácido linoleico, disminuye el exceso de colesterol, previene las enfermedades cardiovasculares, reduce el dolor de la artritis, en las embarazadas ayuda al desarrollo correcto del cerebro del feto por su contenido en ácido fólico, y ayuda en las enfermedades intestinales como Crohn o colitis ulcerosa. Es un potente hidratante natural de la piel, reduce los ataques de asma, es un antioxidante por su alto contenido en vitamina E, y contiene un gran número de minerales, como potasio, hierro o calcio, imprescindibles para nuestro sistema nervioso, músculos y huesos.

con una infusión de jengibre y limón podemos decir adiós al catarro

En una cacerola, disponemos una taza de agua, unos 5 centímetros de jengibre cortado en rodajas y el zumo de 1 limón y lo dejamos al fuego durante 10 minutos. A los primeros síntomas de catarro, nos tomamos un par de tazas de esta infusión bien caliente 2 veces al día

EL LIMÓN

Es un magnífico tónico estomacal que nos ayuda a realizar mejores digestiones. Muy útil para controlar las diarreas, prevenir infecciones, promover la secreción de bilis, ayudar a restituir el pH de la flora vaginal, eliminar el exceso de mucosidad, regular el exceso de proteínas, colaborar en la limpieza del hígado, cuidar la salud ocular, prevenir la formación de gases y, además, tiene un efecto descongestionante en procesos gripales. ¡Alucinante la cantidad de propiedades que tiene!

Una forma fácil de tomarlo es agregarlo a las comidas y, si nos preocupa olvidarnos de su ingesta, la solución es bebernos el zumo de medio limón diluido en un vaso de agua todos los días en ayunas, ya que por sus propiedades digestivas prepara el estómago después de muchas horas de ayuno.

No sirve el limón que venden como aderezo ya exprimido, que en muchas ocasiones está mezclado con agua y algunos conservantes.

EL JENGIBRE

Es otro alimento buenísimo para el sistema digestivo, ya que aumenta la producción de enzimas digestivas, estimula el páncreas, reduce la posibilidad de gases, fortalece y cuida nuestra flora intestinal, y evita o reduce los síntomas de varios trastornos intestinales. Especialmente recomendable contra las náuseas, los vómitos, y también contra el típico mareo en los viajes. Tiene un gran poder antibacteriano al protegernos de agentes externos dañinos. Es uno de los mejores remedios contra la gripe y sus síntomas, como el dolor de garganta, la sinusitis, la fiebre... Además, previene la fatiga crónica y los procesos depresivos, reduce los dolores de la artritis y artrosis, es útil para nuestro sistema circulatorio, etc.
Deberíamos tomar un trocito todos los días, por ejemplo, picado en ensaladas, en polvo, en infusión, aunque lo mejor es en crudo. Con todo lo que hemos visto, no hay duda de que merece la pena consumirlo.

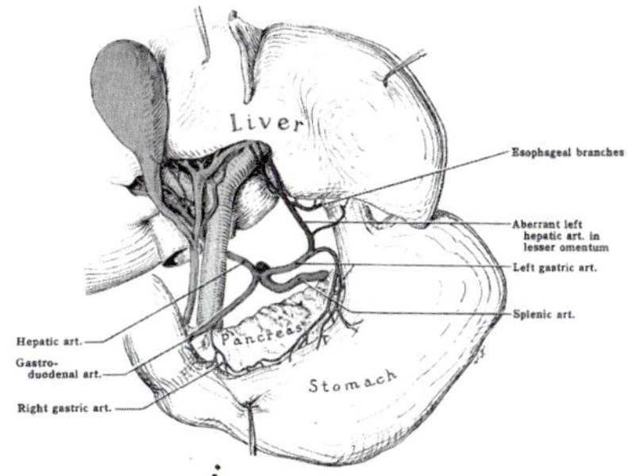

reforzaremos nuestro estómago con un trocito al día

EL CHOCOLATE

Una buena noticia para muchos: el chocolate lo podemos tomar a diario. Ahora, la mala: solamente un cuadradito, una pequeña cantidad, y que sea puro, es decir, que no lleve ni leche ni azúcares añadidos, y nunca blanco, ya que es pura grasa. Sus polifenoles nos ayudan a prevenir el crecimiento celular anormal. Es otro alimento beneficioso para el corazón, el colesterol, las arterias... Protege nuestros músculos frente a calambres y cansancio prematuro y refuerza nuestros riñones. Por su fósforo, es uno de los mejores alimentos para nuestro cerebro, sobre todo para la concentración, la memoria y el aprendizaje en general. Recordad que no debemos abusar de él, por su carga calórica y porque contiene oxalatos que dificultan la absorción del calcio si lo comemos en exceso.

perfecto en el desayuno, buena energía para comenzar el día

una fuente de salud ideal para picar entre horas

LA ZANAHORIA

En 2014, la Organización Mundial de la Salud publicó un informe en el que aseguraba la eficacia del consumo habitual de zanahorias para prevenir el cáncer de mama gracias a la presencia de carotenoides. La Universidad de Newcastle concluyó que la mejor forma de aprovechar sus nutrientes es cociéndolas con la piel (muy bien lavada, mejor ecológicas) y sin partir, ya que así conservan un 25 % más de falcarinol, otro potente elemento para prevenir el cáncer. Además, tonifica y fortalece nuestro estómago, y es especialmente eficaz en problemas de acidez o gastritis. Ayuda a eliminar el exceso de líquidos, colabora contra la formación de cálculos renales, mejora la salud de uñas, piel y cabello. Contiene fósforo y potasio, recomendados para trabajos intelectuales, es útil para nuestros ojos, equilibra el sistema nervioso, cruda fortalece nuestras encías... Es aconsejable tomarla a diario, junto con la ración de ensalada, o también entre horas para quitar la ansiedad de comer si se tiene, ya que sacia nuestro estómago y no aporta apenas calorías.

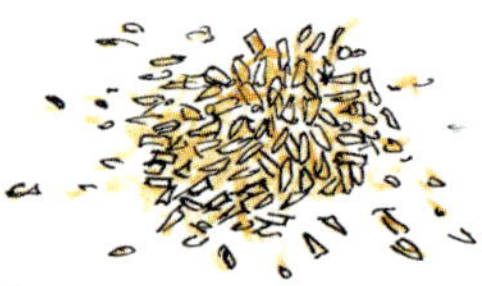

LA LEVADURA DE CERVEZA

La encontramos en los mismos establecimientos que el germen, en forma de copos o en polvo, ambos están bien. Con este alimento, mejor 1 cucharadita un día sí y otro no porque puede cargar un poco los riñones. Está indicada para el fortalecimiento de las uñas y el pelo; contribuye a la regeneración de las células de la piel, mejorando su elasticidad; tiene un elevado contenido en proteínas y es muy aconsejada tras la realización de ejercicio físico para que el músculo "crezca"; regula el sistema nervioso por su alto contenido en vitaminas del grupo B, favoreciendo la disminución del estrés y de la ansiedad; refuerza el sistema inmune; regula los niveles de azúcar y colesterol en sangre, y es rica en minerales como cinc, magnesio, fósforo y selenio, lo que la convierte en un potente antioxidante.

si la añadimos a nuestras ensaladas conseguiremos una piel perfectamente hidratada

LAS NUECES

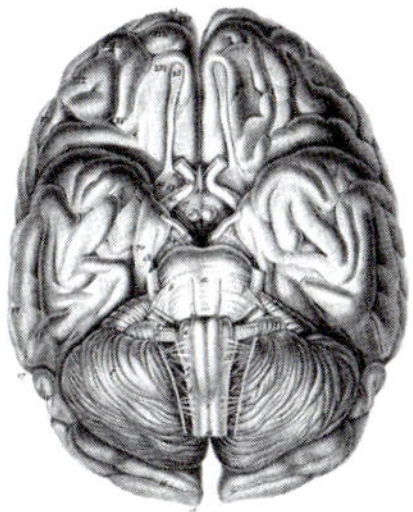

Recientemente se ha demostrado que su consumo disminuye el riesgo de contraer cáncer de próstata en un 40 %, y el cáncer de mama, en un 30 %, gracias a la presencia de antioxidantes y diversos minerales. Por sus ácidos grasos insaturados, son útiles para controlar el colesterol y proteger la salud de nuestro corazón. Colaboran en la salud de los riñones y del cerebro, fomentando la concentración y el buen funcionamiento neuronal y contrarrestando la pérdida de memoria. Son una de las mejores fuentes de antioxidantes al combatir los radicales libres y el envejecimiento celular prematuro. Además, son beneficiosas para el control de la diabetes, mejoran la fertilidad masculina y ayudan a equilibrar el sistema nervioso. Se recomienda tomar 3 nueces al día para aprovechar sus nutrientes, pero no debemos exceder esta cantidad por sus calorías.

podemos reforzar nuestra memoria tomando 3 nueces al día

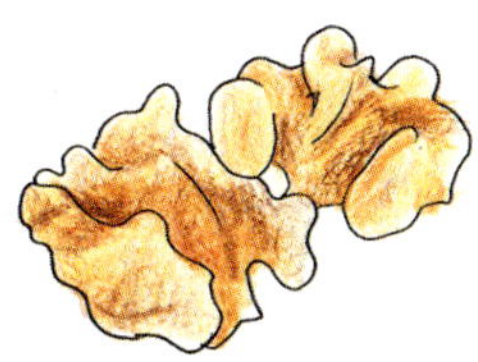

LAS SETAS

echan una mano a nuestro hígado en sus labores de "limpieza"

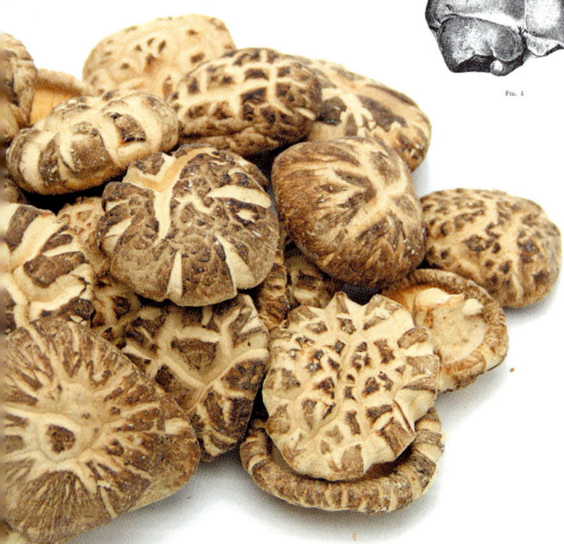

Al igual que las crucíferas, su virtud más destacada es protegernos de agentes externos perjudiciales (virus, bacterias...), dando energía a nuestras defensas y poniendo en guardia nuestro sistema inmunológico. Además, son una buena fuente de antioxidantes, manteniendo en orden el crecimiento celular. Son un alimento eficaz para regular el azúcar en sangre. Por su contenido en selenio, ayudan a nuestro hígado en la función de limpiar nuestro organismo de toxinas y regulan el colesterol, al aumentar el bueno y reducir los triglicéridos.
Es uno de los alimentos que tomo a diario, salvo rara vez. Siempre tengo en la despensa, bien frescas, bien en forma de paté..., y desde que las consumo tan a menudo (con 20 o 30 gramos al día sería suficiente) me siento mucho más protegido frente a muchas enfermedades; creo que han contribuido decisivamente a que mis catarros hayan desaparecido.
La mejor variedad es el *shiitake*, que cada vez se encuentra en más mercados; pero estas propiedades las encontramos en la inmensa mayoría de las setas.
Es cierto que los champiñones tienen menos cantidad de nutrientes, pero también os los recomendamos.

LAS CRUCÍFERAS

A esta familia pertenecen el brócoli, la coliflor, el repollo, la col rizada o *kale*, la berza, las coles de Bruselas, la col lombarda y los nabos. Contienen compuestos sulfurados potentes en la prevención de muchos tipos de cáncer, especialmente los de mama, próstata, páncreas o colon, y en colaboración con sus antioxidantes evitan el crecimiento irregular de las células, además de prevenir su envejecimiento prematuro. Un estudio de la Universidad de Oxford concluyó que tomar una ración de crucíferas al día reducía la aparición del cáncer de páncreas y próstata en un 40 %. Otra de sus principales misiones es reforzar nuestro sistema inmune; de esto se encargan los isotiocianatos. Además, son buenas para la salud ocular, ayudan en su trabajo al hígado, previenen la osteoporosis por su contenido en calcio en combinación con su vitamina C, reducen la inflamación crónica, previenen la diabetes...
Es importante tomarlas con bastante frecuencia porque no podemos dejar pasar unos alimentos que yo llamo "mágicos" por sus enormes propiedades. De todos ellos, el brócoli es el rey.

preventivas contra el cáncer, mantienen bajo control el crecimiento celular

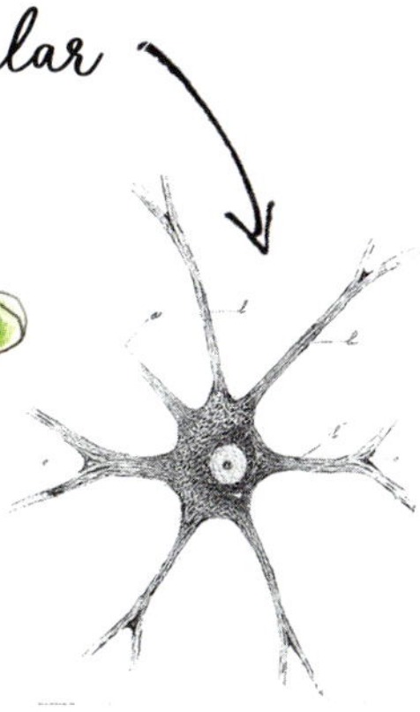

de los mejores alimentos para nuestra flora intestinal

LA CEBOLLA Y EL AJO

Estos sí que la mayoría los tenemos en nuestra dieta, pero conviene recordar sus propiedades. En primer lugar hay que decir que es mejor comerlos cocinados que crudos, sobre todo porque el ajo crudo es un gran hipotensor, nos baja la tensión de golpe y no es muy recomendable, y la cebolla cruda irrita la mucosa del estómago y a la larga puede derivar en gastritis o úlceras. Por ello, mejor cocinados, aunque no en exceso. Son buenísimos para nuestro sistema inmunitario, reforzando y mejorando la flora intestinal (microbiota). La glucoquinina de la cebolla regula el azúcar en sangre, está recomendada en procesos gripales, favorece las digestiones y ayuda al hígado en sus tareas. El ajo, por su parte, nos ayuda contra los triglicéridos y el colesterol "malo", contribuye a una buena salud de nuestras arterias, y sus antioxidantes ofrecen prevención contra el cáncer.

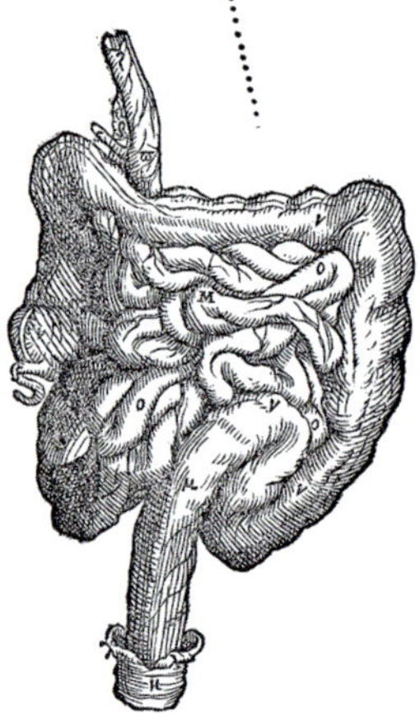

LOS GARBANZOS

Por su cantidad de fibra son buenos para la salud de nuestro corazón y nuestras arterias, reducen los niveles elevados de colesterol, y contienen una buena cantidad de hierro (indicado para la anemia ferropénica). Son una gran fuente de potasio para evitar calambres y mejorar la salud de nuestros músculos, además de ser muy energizantes, y por tanto resultan ideales para deportistas. Son buenos para los diabéticos porque controlan la glucosa en sangre y permiten al organismo asimilar y almacenar la insulina.
Por su ácido fólico, son recomendables para embarazadas. Su alta cantidad de triptófano los hace útiles contra el estrés, los procesos depresivos...

legumbres, mínimo 3 veces a la semana, contra el estrés y la ansiedad

LAS ACEITUNAS

A pesar de que en los últimos años, debido otra vez a la moda de los gimnasios, se las ha crucificado por sus calorías, tenemos que mirar las cifras: 100 gramos de aceitunas aportan 146 calorías, mientras que 100 gramos de pollo, 239 calorías; de cerdo, 242 calorías; de cordero, 294 calorías... A mayor distancia se sitúan los *snacks* (patatas fritas, por ejemplo) que las acompañan en muchas ocasiones y que sobrepasan las 300 calorías por los mismos gramos. Además, sus grasas son de las buenas, tan solo contienen 2 gramos de grasas saturadas. Son una gran fuente de omega-3 y omega-6, fundamentales para nuestro corazón, de vitamina A y vitamina C, buenas para nuestros tejidos, de tiamina para nuestro sistema nervioso, y una buena fuente de hierro... Tampoco debemos abusar de su consumo; 8 al día sería la cantidad idónea, aunque, sí, ¡es difícil comer tan poquitas!

falso, un puñado de aceitunas no equivale a un bocata de chorizo

EL ARROZ INTEGRAL

Sin duda es el cereal más nutritivo, más equilibrado, más digestivo, el que nos ayuda a controlar los niveles de colesterol, los triglicéridos, a evitar el estreñimiento. Supone un buen aporte de vitaminas del grupo B, vitamina E... Tiene un índice glucémico inferior al arroz blanco, una gran cantidad de minerales, como magnesio, fósforo o manganeso, y unos buenísimos niveles de vitamina A. Otros cereales fundamentales son la quinoa, el mijo y el trigo sarraceno.

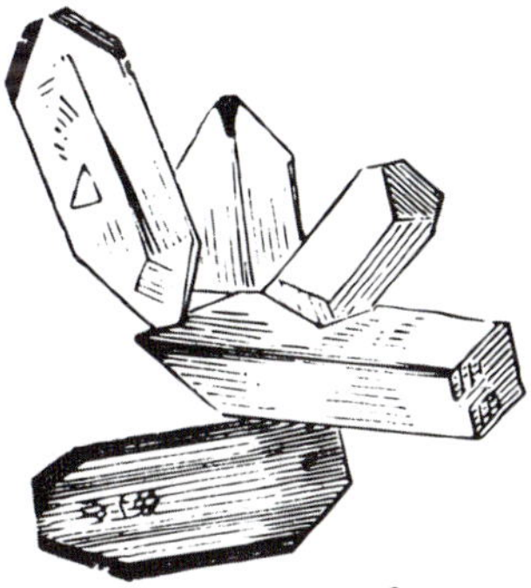

hasta el triple de minerales y vitaminas que el blanco

06.

RECETAS SALUDABLES

Un plan de 28 días para cambiar tu vida

DESAYUNO MARROQUÍ

1 rebanada de pan con *hummus* →
8-10 almendras
1 taza de té de hierbabuena
4 dátiles

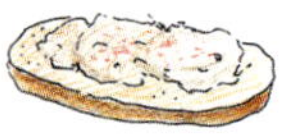

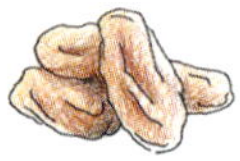

HUMMUS

200 g de garbanzos cocidos
1 cucharada de tahina
el zumo de 1/2 limón
1 diente de ajo
1/2 cucharadita de cominos en polvo
agua
sal

SEMANA N.º 1

En esta primera semana descubrirás que hay muchas formas de cocinar y tomar verduras (de raíz, de hoja, setas y champiñones), alternándolas, combinándolas y convirtiéndolas en parte relevante de todos los platos. Recuerda que si no tomamos ningún alimento de origen animal deberíamos suplementarnos con vitamina B12.

IDEAS MERIENDA

1

1 infusión o té verde con 1 zanahoria cruda y 1 pieza de fruta

2

1 tostada de pan integral con *hummus*

En el vaso de la batidora ponemos todos los ingredientes y vamos agregando el agua poco a poco hasta obtener la textura deseada. Servimos y lo completamos con pimentón dulce y un chorrito de aceite de oliva virgen extra.

	almuerzo	cena
LUNES *día 1*	Berenjenas rellenas con trigo sarraceno	Ensalada de col lombarda y manzana
MARTES *día 2*	Seitán estofado	Sopa de mijo y espinacas
MIÉRCOLES *día 3*	Lentejas clásicas	Ensalada de calabacín
JUEVES *día 4*	Hamburguesa de quinoa y judías	Crema de hinojo y coliflor
VIERNES *día 5*	Risoto de calabaza y setas	Tofu a la portuguesa
SÁBADO *día 6*	Potaje de garbanzos	Tabulé de cuscús integral
DOMINGO *día 7*	Ensalada de pasta y *tempeh*	Crema de brócoli, coliflor y amaranto

LUNES
BERENJENAS RELLENAS CON TRIGO SARRACENO

Cocemos el trigo sarraceno unos 20 minutos. Mientras, partimos las berenjenas por la mitad longitudinalmente y les quitamos la pulpa, que picamos muy finita junto con la cebolla, el pimiento verde y la zanahoria. Ponemos todo este picado en un bol y agregamos el trigo sarraceno ya cocido, un chorrito de aceite y sal y lo mezclamos todo muy bien. A continuación, rellenamos las berenjenas con esta mezcla y las horneamos durante 45 o 55 minutos (depende de su tamaño) a 180 °C.

Para acompañar las berenjenas hacemos una salsa poniendo el pimiento rojo cortado en tiras y los dientes de ajo a cocer durante 10 minutos. Transcurrido este tiempo, lo pasamos por la batidora con tres o cuatro cucharadas del agua de cocer, agregamos un poquito de sal y las almendras y batimos nuevamente.

Finalmente, retiramos las berenjenas del horno y las regamos con la salsa y unas almendras troceadas por encima; se pueden acompañar con un cuenco de arroz integral cocido durante 35 minutos.

INGREDIENTES

4 berenjenas medianas
200 g de trigo sarraceno
1 cebolla pequeña
1 pimiento verde
1 zanahoria
almendras para decorar
aceite de oliva virgen extra
sal

PARA LA SALSA

1 pimiento rojo grande
6 almendras
2 dientes de ajo
sal

SEMANA N.º1 *día 1*

CENA

4

LUNES ENSALADA DE COL LOMBARDA Y MANZANA

Cortamos la col en tiras muy finas y la ponemos en un bol. Seguidamente, agregamos la manzana cortada en cuadrados pequeños, el jengibre muy picado, las nueces, las semillas de calabaza, las de girasol, los brotes de alfalfa, la levadura de cerveza y las lentejas. Para terminar, la aliñamos con el aceite de oliva virgen extra, el zumo de limón y un poquito de salsa de soja.

INGREDIENTES

- 1 col lombarda pequeña
- 1 manzana
- 1 taza de lentejas cocidas (150 g)
- 8 nueces peladas
- 2 cucharadas de semillas de calabaza
- 2 cucharadas de semillas de girasol
- brotes de alfalfa
- 1 cucharada de levadura de cerveza
- 1 rodaja de jengibre
- 3 cucharadas de aceite de oliva virgen extra
- el zumo de 1 limón
- salsa de soja

MARTES
SEITÁN ESTOFADO

En una cazuela, ponemos tres cucharadas de aceite de oliva virgen extra, la cebolla y el pimiento verde cortados en tiras finas y el diente de ajo picado y lo sofreímos todo durante 3 o 4 minutos.
Pasado este tiempo, incorporamos el seitán en cuadrados medianos y, si queremos, la harina de garbanzos, y lo removemos bien sin que se queme la harina.
Seguidamente, pasamos por la batidora ligeramente el tomate maduro y la zanahoria pelada, pero que queden algunos trocitos, lo echamos en la cazuela y no paramos de remover para que se mezclen los ingredientes.
Ya podemos poner los guisantes frescos, el comino y una pizca de pimentón, salamos, volvemos a mezclar y rápidamente cubrimos con abundante agua.
Cocemos durante 20 minutos, que nos quede algo de salsa. Podemos completar el plato con perejil o cilantro antes de servirlo.

INGREDIENTES

300 g de seitán
1 cebolla
1 pimiento verde
1 diente de ajo
1 tomate maduro
100 g de guisantes frescos
1 zanahoria
1 cucharada de harina de garbanzos (opcional)
pimentón
½ cucharadita de comino
perejil o cilantro
aceite de oliva virgen extra
sal

MARTES
SOPA DE MIJO Y ESPINACAS

En una olla con abundante agua hirviendo disponemos la hoja de laurel, la cebolla y el pimiento cortados en tiras finas y las zanahorias en trozos pequeños. Cocemos unos 5 minutos, y después echamos el mijo y seguimos cociendo durante 20 o 25 minutos más. Cuando queden 5 minutos para finalizar la cocción, agregamos las espinacas bien lavadas, un poquito de pimienta negra molida y sal al gusto. Al servirla podemos agregar un chorrito de aceite de oliva virgen extra y cebollino.

INGREDIENTES

250 g de mijo
100 g de espinacas
2 zanahorias
1 cebolla mediana
1 pimiento rojo
1 hoja de laurel
cebollino
aceite de oliva virgen extra
pimienta negra molida
sal

SEMANA N.º 1 *día 3*

ALMUERZO

4

MIÉRCOLES
LENTEJAS CLÁSICAS

Para acortar el tiempo de cocción de las lentejas, las ponemos en un bol con agua fría y las dejamos remojar durante 12 horas.
En una olla con abundante agua, echamos las lentejas escurridas, el laurel, media cebolla entera y un diente de ajo machacado. Cocerán un tiempo total de 60 o 70 minutos; a partir de los 45 minutos debemos controlar la cocción, ya que depende mucho del tipo de lenteja y de su calidad. Si no las hemos remojado previamente, la cocción será aproximadamente de 90 minutos.
Cuando queden 25 minutos para el final, incorporamos las patatas peladas y cortadas en trozos medianos, y 5 minutos después añadimos las zanahorias en trozos de unos 2 cm.
Mientras tanto, cortamos muy fina la otra media cebolla, el otro diente de ajo y el pimiento verde y troceamos el tomate. Calentamos dos cucharadas de aceite de oliva en una sartén y ponemos estos ingredientes; cuando estén dorados (entre 6 y 8 minutos) agregamos una pizca de comino en polvo, otra de pimienta negra y en el último minuto el pimentón. Lo removemos muy bien y reservamos.
Cuando queden 10 minutos para terminar la cocción de las lentejas, vertemos el preparado anterior en la cazuela. Salamos al gusto en el último momento.

INGREDIENTES

400 g de lentejas
2 patatas grandes
3 zanahorias
1 tomate maduro
1 cebolla grande
1 pimiento verde grande
2 dientes de ajo
1 hoja de laurel
1 cucharadita de pimentón
comino en polvo (opcional)
aceite de oliva virgen extra
pimienta negra
sal

INGREDIENTES

2 calabacines grandes
2 dientes de ajo
8-10 setas
150 g de brócoli
6-8 champiñones
salsa de soja
10-12 almendras
o medias nueces
aceite de oliva virgen extra
2 cucharadas de
semillas de calabaza
2 cucharadas de
semillas de girasol
el zumo de 1/2 limón
pimentón
pimienta negra

MIÉRCOLES
ENSALADA DE CALABACÍN

Cortamos los calabacines en tiras muy finas y los cocemos durante 5 minutos, que queden duritos; seguidamente, los escurrimos y pasamos a un bol.
En una sartén, ponemos agua y cuando rompa a hervir agregamos el ajo pelado y cortado en tiras finas, las setas, los champiñones y el brócoli muy picados. Lo cocemos unos 8 minutos, retiramos del fuego, escurrimos si fuera necesario, y lo transferimos al bol con el calabacín. Seguidamente, aliñamos la ensalada con aceite en crudo, el zumo de limón, pimienta negra, salsa de soja, las semillas de calabaza y girasol y las almendras o nueces, lo removemos todo muy bien y la servimos en frío espolvoreando un poquito de pimentón dulce.

JUEVES
HAMBURGUESA DE QUINOA Y JUDÍAS

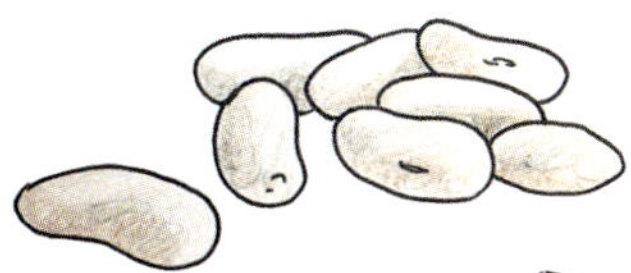

Lavamos muy bien la quinoa debajo del grifo y la cocemos en abundante agua durante 20 minutos, hasta que el centro esté transparente. Pasado este tiempo, la escurrimos, la transferimos a un bol y agregamos las judías blancas ya cocidas. En un sartén con dos cucharadas de aceite de oliva virgen extra, ponemos la cebolla y el ajo muy picados y los sofreímos durante 5 minutos. Después, los vertemos en el bol de la quinoa. En este bol incorporamos, seguidamente, la remolacha rallada muy finita (podemos poner una cucharada del caldo donde está conservada para darle un color más intenso a la hamburguesa), el comino molido, una pizca de pimienta negra y un poquito de sal, y mezclamos bien los ingredientes. Con la ayuda de un molinillo de café, molemos el sésamo y el lino, los ponemos en el bol y volvemos a mezclarlo todo muy bien; tendremos que ayudarnos con las manos. Debe quedar una masa consistente, si no es así, podemos agregar más sésamo o lino molido. Dejamos enfriar la masa y la metemos en la nevera durante 1 hora. Pasado este tiempo, damos forma a las hamburguesas y las hacemos a la plancha o al horno durante 15 minutos a 180 °C. Podemos servirlas con ensalada de lechuga y tomate aliñada con aceite de oliva virgen extra, limón y sal.

INGREDIENTES

300 g de judías blancas cocidas
150 g de quinoa
1 cebolla mediana
2 dientes de ajo
1 remolacha cocida
6 cucharadas de lino
6 cucharadas de sésamo
½ cucharadita de comino molido
aceite de oliva virgen extra
pimienta negra
sal

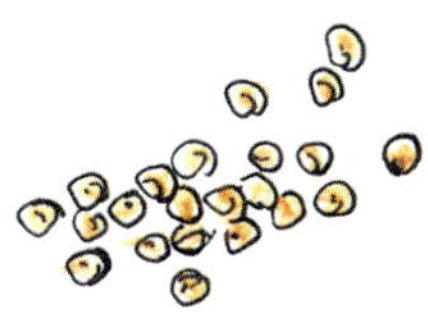

SEMANA N.º 1 *día 4*

CENA

4

INGREDIENTES

200 g de coliflor
1 bulbo grande de hinojo
1 cebolla
1 manzana
15 almendras
6 nueces
laurel
pimentón
sal

JUEVES
CREMA DE HINOJO Y COLIFLOR

En una olla, disponemos abundante agua con la hoja de laurel, la cebolla y el hinojo cortado en tiras, y lo cocemos todo durante 25 minutos. Cuando falten 15 minutos para terminar la cocción, agregamos la coliflor cortada en trozos, y en los últimos 5 minutos, la manzana en dados.

Pasado este tiempo, retiramos la hoja de laurel de la olla y con la ayuda de una cuchara grande pasamos los ingredientes al vaso de la batidora. Seguidamente, incorporamos las almendras y sal al gusto y batimos a la vez que vamos echando agua de la cocción poco a poco hasta obtener la textura que más nos guste.

Podemos adornar esta crema con las nueces picadas y un poquito de pimentón.

VIERNES
RISOTO DE CALABAZA Y SETAS

En una sartén con dos cucharadas de aceite disponemos la cebolla, el ajo y el pimiento verde muy picados. Cuando estén dorados, agregamos la calabaza cortada en trocitos muy pequeños, la rehogamos unos minutos e incorporamos el arroz, la cúrcuma y una pizca de pimentón. Damos un par de vueltas a los ingredientes, echamos abundante agua o, si tenemos, caldo de verduras, y salpimentamos. En este punto, lo cocemos unos 30 minutos y, cuando no tenga apenas agua, agregamos las setas cortadas en tiras, la leche de soja, el sésamo y las almendras molidas, y lo removemos hasta que reduzca la leche para que quede meloso, durante un mínimo de 5 minutos o hasta que se termine de hacer el arroz. Decoramos con cebollino.

INGREDIENTES

400 g de arroz integral
1 cebolla mediana
2 dientes de ajo
1 pimiento verde
150 g de calabaza
150 g de setas
pimentón
1 cucharadita de cúrcuma
1/2 taza de leche de soja (100 ml)
agua o caldo de verduras
5 cucharadas de sésamo molido
5 almendras molidas
aceite de oliva virgen extra
cebollino
pimienta
sal

SEMANA N.º 1 *día 5*

CENA

4

VIERNES
TOFU A LA PORTUGUESA

Pelamos, lavamos y cortamos las patatas en tiras alargadas muy finas, las ponemos en un bol y agregamos sal, especias (pimienta, orégano y romero, por ejemplo) y dos cucharadas de aceite de oliva virgen extra y lo removemos todo muy bien. Seguidamente, las extendemos en una bandeja para horno, que no se amontonen, que queden sueltas, para que después estén más crujientes, y las horneamos a 180 °C entre 20 y 30 minutos. (El tiempo puede variar según nuestro horno o el grosor de las patatas; por ello, conviene que a partir de los 20 minutos prestemos atención para que no se quemen).

En una sartén con dos cucharadas de aceite, ponemos la cebolla y el puerro cortados en tiras similares a las patatas, y los rehogamos. Mientras se van haciendo, aplastamos con la ayuda de un tenedor el tofu para que se deshaga. Una vez listo, lo incorporamos a la sartén junto con perejil o cilantro, removemos bien y lo dejamos en la sartén durante unos 6 o 8 minutos.

Al final agregamos un poquito de cúrcuma para darle color, o un poquito de pimentón si no tenemos. Para terminar, retiramos la sartén del fuego, incorporamos las patatas del horno, removemos muy bien y como toque final ponemos unas cuantas aceitunas negras y perejil picado.

INGREDIENTES

3 patatas grandes
1 cebolla grande
½ puerro
300 g de tofu
aceitunas negras
aceite de oliva virgen extra
especias al gusto (pimienta, orégano, romero...)
perejil o cilantro
cúrcuma o pimentón
sal

SÁBADO
POTAJE DE GARBANZOS

INGREDIENTES

250 g de garbanzos
1/2 cebolla mediana
2 dientes de ajo
1 tomate mediano maduro
20 almendras molidas
150 g de espinacas frescas
1 hoja de laurel
1 ramillete de perejil
2 cucharadas de aceite de oliva virgen extra
pimentón
sal

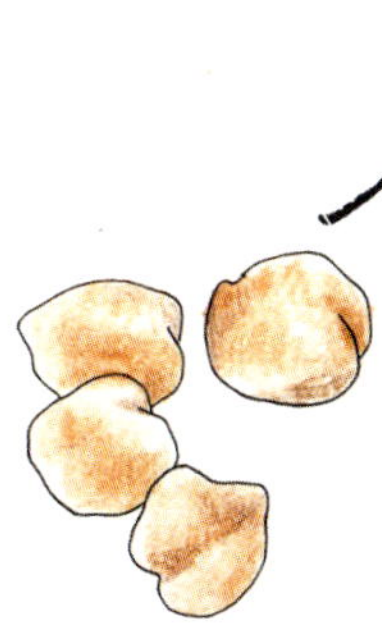

Ponemos los garbanzos a remojo la noche anterior. En una cazuela con abundante agua hirviendo, disponemos los garbanzos, el laurel, el perejil y la sal, y lo llevamos a ebullición. En este punto, los cocemos durante unas 2 horas (en olla rápida se hacen en unos 15 o 20 minutos).
Si ya los compramos cocidos, el tiempo en la cazuela será el mínimo para que no se deshagan.
Cuando falten 30 minutos para terminar la cocción, en una sartén con el aceite de oliva rehogamos la cebolla cortada muy finita y los dientes de ajo hasta que estén dorados.
Seguidamente, agregamos un tomate bien picado y sin piel, seguimos rehogando e incorporamos el pimentón. Le damos una vuelta, echamos todo el contenido a la olla de los garbanzos, y lo removemos bien. Cuanto falten 10 minutos, agregamos las espinacas y las almendras molidas para que le den más consistencia al caldo.
Transcurrido el tiempo de cocción de los garbanzos, retiramos el laurel y el ramillete de perejil y ya tenemos nuestro potaje listo.

SEMANA N.º1 *día 6*

CENA

4

SÁBADO TABULÉ DE CUSCÚS INTEGRAL

En una cazuela, ponemos a hervir aproximadamente una taza de agua; mientras, en una sartén doramos el cuscús, pero que no se queme. Cuando esté dorado, lo incorporamos al agua hirviendo. Justo cuando lo echemos, apagamos el fuego y retiramos la cazuela, la tapamos con un trapo limpio y lo dejamos reposar unos 8 o 10 minutos, hasta que haya absorbido el agua. Pasado este tiempo, para evitar que se apelmace, lo removemos con suavidad con un tenedor; podemos poner un par de cucharadas de aceite de oliva para que nos sea más fácil. Picamos muy finos el tomate, el diente de ajo, la cebolla, el pimiento, el pepino y el calabacín y los disponemos en un bol. Seguidamente, agregamos las pasas y las especias que más nos gusten (pimienta, cilantro, hierbabuena...), el cuscús, el aceite de oliva virgen extra, el zumo de lima, la sal y el perejil, y lo removemos bien antes de servirlo frío.

INGREDIENTES

200 g de cuscús integral
1 diente de ajo
1 cebolla pequeña
1 tomate grande
1 pimiento verde
1 pepino mediano
½ calabacín
un puñadito de pasas
especias al gusto (pimienta, cilantro, hierbabuena...)
3 cucharadas de aceite de oliva virgen extra
el zumo de 1 lima
perejil
sal

DOMINGO ENSALADA DE PASTA Y *TEMPEH*

Ponemos a cocer en agua la pasta que hayamos elegido según los minutos que indique el fabricante, retiramos y dejamos que se enfríe. Mientras, cortamos en rodajas finitas el rábano; el aguacate, en trozos pequeños, y los tomates cherry, por la mitad. Lo disponemos todo en un bol y agregamos la pasta y las avellanas troceadas. Marcamos el *tempeh* en una sartén ligeramente untada con aceite de oliva virgen extra, simplemente vuelta y vuelta, y lo incorporamos a la ensalada. Para hacer el pesto, ponemos en el vaso de la batidora el aceite, el ajo, los piñones, la albahaca y sal y batimos hasta que quede una mezcla uniforme. Para terminar, rociamos la ensalada con el pesto y la removemos. Podemos decorarla con las aceitunas.

INGREDIENTES

300 g de pasta integral (macarrones, espirales...)
200 g de "tempeh"
1 aguacate grande
12 tomates cherry
2 rábanos pequeños
10 avellanas
16 aceitunas

PARA EL PESTO

un puñado de albahaca fresca
1 cucharada de piñones
4 cucharadas de aceite de oliva virgen extra
1 diente de ajo
sal

DOMINGO
CREMA DE BRÓCOLI, COLIFLOR Y AMARANTO

En abundante agua hirviendo, agregamos el laurel, el brócoli, la coliflor, el puerro y la cebolla en trozos, el ajo muy picado y, por último, el amaranto. Lo cocemos durante unos 15 minutos. Transcurrido este tiempo, salpimentamos, retiramos el laurel, incorporamos las semillas de lino y batimos, regulando la cantidad de agua según la textura que queramos. En una sartén, salteamos ligeramente los champiñones picados con un poquito de aceite. Finalmente, emplatamos la crema con los champiñones, las nueces troceadas, los brotes de alfalfa, un chorrito de aceite de oliva virgen extra y una pizca de sal. Podemos acompañarla con una rebanada de pan integral.

INGREDIENTES

200 g de brócoli
200 g de coliflor pequeña
200 g de amaranto
2 dientes de ajo
50 g de champiñones crudos
1 hoja de laurel
1 puerro
1 cebolla
12 nueces
1 cucharada de semillas de lino molidas
brotes de alfalfa
aceite de oliva virgen extra
pimienta
sal

DESAYUNO MEDITERRÁNEO

3 galletas de algarroba
1 cucharada de piñones
1 vaso de bebida de almendras
1 manzana
1 tostada con tomate y aceite: frotamos medio tomate maduro en una rebanada de pan integral de centeno o espelta, la regamos con una cucharada de aceite de oliva virgen extra y una pizca de sal.

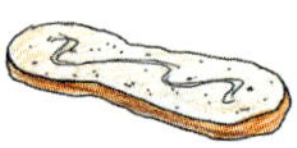

IDEA MERIENDA

1 vaso de leche de almendras o avena con 4 o 5 galletas sin azúcares añadidos

SEMANA N.º 2

En este menú te propongo llevar a la práctica aquello de cambiar hidratos simples (los menos recomendables) por hidratos complejos (los más nutritivos), gracias a la utilización de diferentes granos integrales como el trigo sarraceno, el bulgur, el arroz integral, la quinoa o la pasta integral. Una forma sencilla de que los conozcas y los incluyas en tu día a día.

18

GALLETAS DE ALGARROBA

120 g de harina de espelta
2 cucharadas de harina de algarroba
3 cucharadas de panela o azúcar de coco
1/2 cucharada de canela
1/2 cucharadita de levadura en polvo
2 cucharadas de semillas de lino molidas
2 cucharadas de aceite de oliva virgen extra
4 cucharadas de leche de almendras o avena
ralladura de 1 naranja o limón

En un bol ponemos las dos harinas, la panela o el azúcar de coco, la canela, la levadura en polvo y las semillas de lino molidas, y lo mezclamos muy bien. Seguidamente, agregamos el aceite, la leche y la ralladura y seguimos mezclando hasta obtener una masa homogénea. Precalentamos el horno a 180 °C. En este punto, damos forma de galletas a la masa haciendo una bola y aplastándola ligeramente después, y las depositamos en una bandeja para horno. Finalmente, las horneamos durante 8 o 10 minutos.

	almuerzo	cena
LUNES día 8	Guiso de judías con setas	Sopa de trigo sarraceno
MARTES día 9	Albóndigas de lentejas	Ensalada marroquí
MIÉRCOLES día 10	Paella de verduras	Sopa de miso
JUEVES día 11	Garbanzos con espinacas	Ensalada mexicana
VIERNES día 12	Espaguetis de la huerta	Tostas variadas
SÁBADO día 13	Pimientos rellenos de seitán con puré de lentejas	Ensalada campera
DOMINGO día 14	Hamburguesa de judías pintas	*Vichyssoise* y *tempeh teriyaki*

LUNES
GUISO DE JUDÍAS CON SETAS

Ponemos a remojar las judías la noche anterior. Las cocemos durante 90 o 120 minutos, unos 18 o 20 minutos en olla exprés; otra opción es comprarlas ya cocidas.
Mientras, lavamos y cortamos en tiras las setas, el repollo, la cebolla y los ajos. En una olla con un poquito de aceite, rehogamos el laurel con los ajos y la cebolla hasta que esta quede un poco transparente. En este punto, incorporamos el repollo y las setas y seguimos rehogando, removiendo de vez en cuando, más o menos durante 6 u 8 minutos. Pasado este tiempo, agregamos la salsa de tomate, mezclamos y echamos las judías ya cocidas y la taza de agua. Dejamos que reduzca unos 5 minutos, pero que no se consuma del todo el agua, que quede algo de caldo.
En el último momento, para espesar el caldo incorporamos las almendras molidas con ayuda de un molinillo de café, las podemos sustituir por harina de garbanzos. Finalmente, salamos y agregamos un poquito de pimentón antes de servir.

INGREDIENTES

200 g de judías blancas
100 g de setas "shiitake"
100 g de repollo
10 almendras o 1 cucharada de harina de garbanzos
2 dientes de ajo
1 cebolla mediana
2 cucharadas de salsa de tomate
1 hoja de laurel
1 taza de agua (200 ml)
2 cucharadas de aceite de oliva virgen extra
pimentón
sal

SEMANA N.º2 *día 8*

CENA

4

LUNES
SOPA DE TRIGO SARRACENO

En una olla, ponemos el aceite, la cebolla, el ajo y el puerro muy picados, y la hoja de laurel entera. Rehogamos hasta que esté todo dorado, echamos abundante agua y llevamos a ebullición. Cuando arranque a hervir, incorporamos el trigo sarraceno y la zanahoria en trozos, y lo dejamos cocer durante 20 minutos. Cuando falten 10 minutos para el final, agregamos el brócoli en trozos pequeños, el apio y el jengibre cortados finitos, especias al gusto y pimienta negra molida. En este punto, la intensidad del fuego debe ser baja.
Elegimos el alga deshidratada que más nos guste, por ejemplo, *kombu* o *wakame*, y con la ayuda de un molinillo de café la convertimos en polvo y la incorporamos en los últimos 5 minutos de cocción.

INGREDIENTES

250 g de trigo sarraceno
100 g de brócoli
1 cebolla pequeña
2 dientes de ajo
1 puerro
1 zanahoria
un trozo de apio
un trocito de jengibre
1 hoja de laurel
especias al gusto
1 cucharada de alga en polvo ("kombu" o "wakame")
aceite de oliva virgen extra
pimienta negra molida

MARTES
ALBÓNDIGAS DE LENTEJAS

INGREDIENTES

250 g de lentejas rojas
1 cebolla mediana
2 dientes de ajo
100 g de champiñones
1 pimiento rojo grande
1 zanahoria
2 cucharadas de salsa de tomate (frita o natural)
especias al gusto (cebollino, romero, pimentón...)
5 cucharadas de lino molido
5 cucharadas de pan rallado
1 cucharada de levadura de cerveza (opcional)
2 cucharadas de aceite de oliva
pimienta
sal

En una cazuela, calentamos un vaso y medio de agua (300 ml). Cuando rompa a hervir, agregamos las lentejas rojas (es importante que sean de la variedad roja por el tiempo de cocción) y dejamos que reduzca toda el agua, unos 15 minutos. Mientras, picamos la cebolla y el ajo y los disponemos en una sartén con el aceite. Cuando hayan adquirido color, agregamos los champiñones, el pimiento rojo y la zanahoria, todo troceado muy fino. En el momento en que estén prácticamente cocidos, incorporamos la salsa de tomate, sal, pimienta y especias (cebollino, romero, pimentón...), y rehogamos 2 minutos más. Transcurrido el tiempo de cocción de las lentejas, las transferimos a un bol y agregamos la preparación anterior y, además, el lino molido y el pan rallado, así como la levadura de cerveza, que es opcional. Removemos todo muy bien y pasamos por la batidora hasta que nos quede una masa; no debemos triturarlo demasiado para que algunos trozos de verdura se vean, le dará una mejor textura.

Seguidamente, damos forma de albóndigas a la masa. Debe tener una textura consistente; si se nos pegan demasiado a las manos o está algo líquida, podemos agregar más pan rallado. A medida que las hagamos, iremos pasándolas a una bandeja de horno untada con un poquito de aceite.

Las horneamos a una temperatura de 180 °C durante 20 minutos y listas. Las podemos servir con salsa de tomate de fondo o con ensalada.

SEMANA N.º2 *día 9*

CENA

4

MARTES
ENSALADA MARROQUÍ

Cocemos el bulgur durante 20 o 25 minutos; lo venden también precocido, entonces con 5 minutos sería suficiente.
Lo escurrimos y reservamos.
Pelamos y lavamos muy bien las remolachas.
En una olla con abundante agua, las hervimos durante 20 o 25 minutos. Pasado este tiempo, las dejamos enfriar fuera del agua; también las podemos comprar ya cocidas.
Mientras, elaboramos el aliño: en un bol, ponemos la ralladura de la cáscara de media naranja muy bien lavada, el zumo de una naranja, la panela, la canela, los cominos, una pizca de pimienta negra y de sal, y mezclamos muy bien.
A modo de fondo del plato, ponemos el bulgur, la otra naranja pelada y cortada en rodajas finas por encima, la remolacha y la cebolla también cortadas en rodajas, las semillas de calabaza y la menta.
Antes de servir, rociamos bien toda la ensalada con el aliño.

INGREDIENTES

250 g de bulgur
4 remolachas pequeñas
2 naranjas grandes
1 cucharadita de panela o de azúcar de coco
½ cucharadita de canela
½ cucharadita de cominos molidos
1 cebolla morada pequeña
1 cucharada de semillas de calabaza
menta o cilantro
pimienta negra
sal

MIÉRCOLES
PAELLA DE VERDURAS

En una cacerola con abundante agua, cocemos durante mínimo unos 15 minutos media cebolla, medio pimiento rojo, tres o cuatro champiñones y una hoja de laurel para realizar el caldo. En una sartén o paella, ponemos tres cucharadas de aceite de oliva virgen extra, la otra media cebolla, el ajo, el pimiento verde y el tomate muy picados. Sofreímos durante 5 o 6 minutos, hasta que estén doraditos. En este punto, incorporamos el arroz integral y con la ayuda de una cucharada de madera removemos durante 2 o 3 minutos. Seguidamente, ponemos el pimentón, una pizca de cúrcuma, removemos y rápidamente vertemos el agua de la cacerola, el caldo. Cocemos el arroz durante 30 o 35 minutos vigilando muy bien que no quede sin agua. Transcurridos 10 minutos del tiempo total de cocción, agregamos las alcachofas limpias y cortadas en trozos grandes. Cuando falten 10 minutos para que el arroz esté cocido, ponemos los espárragos y el resto de los champiñones. Mientras, cogemos la cebolla, el pimiento y los champiñones que estaban en la cacerola del caldo, los pasamos por la batidora hasta obtener una pasta y la reservamos hasta que falten 2 minutos para que el arroz esté listo. Le darán color y sabor, pero hay que removerlo todo bien para que se integre. Pasado el tiempo total, retiramos del fuego el arroz y tapamos la sartén con un trapo limpio. Dejamos reposar 10 minutos.

INGREDIENTES

350 g de arroz integral
100 g de champiñones
8-10 espárragos
4 alcachofas
1 tomate maduro
1 cebolla grande
1 pimiento verde
1/2 pimiento rojo
2 dientes de ajo
1/2 cucharadita de pimentón
cúrcuma
1 hoja de laurel
aceite de oliva virgen extra
sal

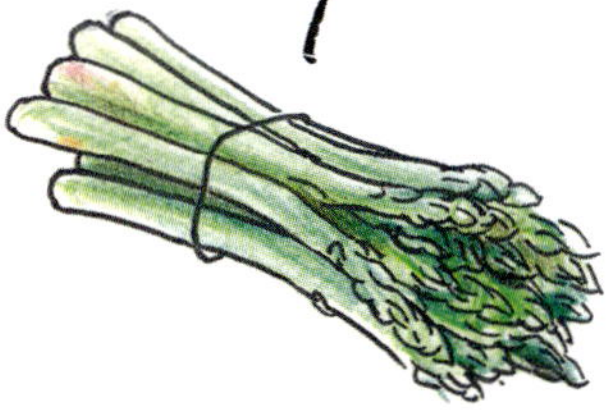

SEMANA N.º2 *día 10*

CENA

4

MIÉRCOLES
SOPA DE MISO

INGREDIENTES

150 g de tofu
75 g de setas (mejor "shiitake")
30 g de cebolleta picada
100 g de "noodles", espaguetis o fideos
2 cucharadas de miso
1 cucharada de alga "wakame" seca (puede ser otra)
zanahoria, puerro u otras verduras (opcional)

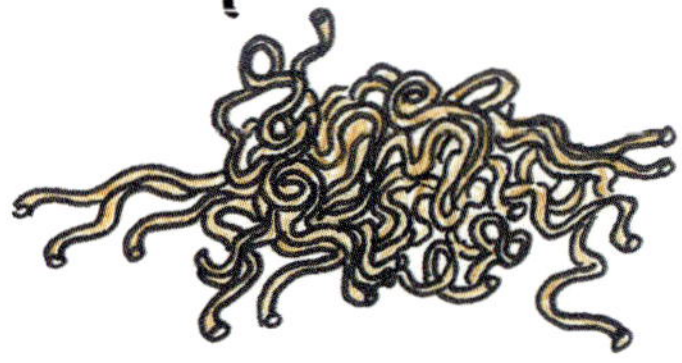

Ponemos en una olla abundante agua al fuego (un vaso y medio, 300 ml, por cada persona).
Cuando rompa a hervir, agregamos el alga que más nos guste, aunque la tradicional es la *wakame*, en trocitos pequeños, el tofu en cuadrados medianos, las setas *shiitake* en trozos, la cebolleta picada y, si queremos, también zanahoria y puerro.
Cocemos entre 5 y 8 minutos.
El plato tradicional lleva pasta. Podemos agregar tallarines, *noodles* o, siendo menos ortodoxos, espaguetis o fideos. Debemos tener presente que entonces el tiempo de cocción será hasta que estén hechos, lo que marquen las instrucciones del fabricante.
Mientras cuecen estos ingredientes, ponemos el miso en una taza, la llenamos del agua de la cocción y con la ayuda de una cuchara removemos hasta que quede bien disuelto.
Retiramos la olla del fuego y agregamos el miso diluido; es importantísimo que el miso nunca cueza, ya que pierde muchas de sus maravillosas propiedades.
El tipo de miso con mayor carga de nutrientes es la variedad *hatcho*.
Ya tenemos la sopa a punto para comer.

JUEVES
GARBANZOS CON ESPINACAS

En una sartén con dos cucharadas de aceite de oliva virgen extra, ponemos la cebolla y el ajo picados muy finos y los sofreímos durante 5 minutos.
Transcurrido este tiempo, incorporamos un vaso de agua (200 ml) y las espinacas y cocemos durante 5 minutos.
Seguidamente, agregamos los garbanzos, los piñones, la pimienta, el comino en polvo y la sal, y removemos muy bien.
Servimos caliente.
Podemos poner unos picatostes; para ello, cortamos un par de rebanadas de pan en cuadrados medianos, los extendemos en una bandeja del horno, ponemos un chorrito de aceite, no mucho, un poquito de sal y orégano. Horneamos 10 minutos a 180 °C y los ponemos encima de los garbanzos.

INGREDIENTES

300 g de garbanzos cocidos
250 g de espinacas
2 cucharadas de piñones
1 cebolla
2 dientes de ajo
½ cucharadita de comino en polvo
pan (opcional)
aceite de oliva virgen extra
½ cucharadita de pimienta negra
sal

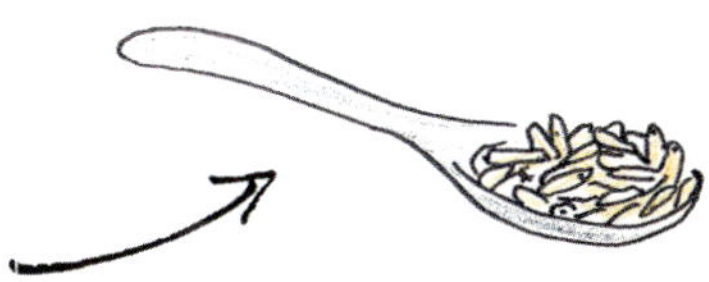

INGREDIENTES

200 g de quinoa
1 aguacate grande
½ cebolla roja
50 g de maíz cocido
20-25 aceitunas
el zumo de 1 lima
½ cucharadita de cayena en polvo (opcional)
cilantro
aceite de oliva virgen extra
sal

JUEVES
ENSALADA MEXICANA

Lavamos muy bien debajo del agua del grifo la quinoa, la ponemos en abundante agua hirviendo y la cocemos unos 20 minutos, hasta que esté transparente. La escurrimos bien y la transferimos a un bol.
Para darle más sabor, en una sartén sin aceite salteamos el maíz cocido 4 o 5 minutos y lo transferimos al bol.
A continuación, agregamos la cebolla en tiras, las aceitunas que más nos gusten, el zumo de lima, cinco o seis cucharadas de aceite, cilantro, sal al gusto y la cayena si nos gusta el picante. Removemos muy bien. En el último momento, ponemos el aguacate para que no se deshaga demasiado.
Mejor tomar fría.

VIERNES ESPAGUETIS DE LA HUERTA

Cocemos la pasta según las instrucciones del fabricante. Después, la escurrimos y reservamos en un bol. Sacamos las habas de la vaina y las cocemos durante 25 minutos. Cuando pasen 10 minutos desde el inicio, agregamos los guisantes frescos (sin vaina) y proseguimos la cocción. Después, escurrimos y lo transferimos al bol de la pasta. A continuación, incorporamos el zumo de limón, cinco o seis cucharadas de aceite, el cilantro o perejil, el cebollino y sal al gusto; removemos muy bien.
En una sartén, salteamos los espárragos con muy poquito aceite hasta que estén dorados (5 minutos), y que queden duritos, y los transferimos al bol.
En el momento de servir, podemos espolvorearlo con un poquito de pimentón en crudo.

INGREDIENTES

280 g de espaguetis integrales
250 g habas frescas
100 g de guisantes
8-10 espárragos
el zumo de 1 limón
cilantro o perejil
cebollino
aceite de oliva virgen extra
pimentón (opcional)
sal

SEMANA N.º2 día 12

CENA

4

VIERNES TOSTAS VARIADAS

Vamos a hacer dos tostadas grandes para cada persona con pan integral de espelta o centeno; una tostada con la mitad de *hummus* y la mitad de setas salteadas y la otra rebanada con aguacate y pipirrana.

SETAS SALTEADAS

120 g de setas
4-5 nueces
1 diente de ajo
1 cucharada de aceite de oliva virgen extra
perejil

En una sartén con el aceite, agregamos el ajo bien picado. Cuando esté dorado, incorporamos las setas laminadas y las salteamos unos 5 minutos. Para terminar, agregamos las nueces troceadas y el perejil también picado.

HUMMUS

300 g de garbanzos cocidos
1 diente de ajo
2 cucharadas de tahina
el zumo de 1/2 limón
1/2 cucharadita de comino
pimentón dulce
2 cucharadas de aceite de oliva virgen extra
sal

Ponemos todos los ingredientes en el vaso de la batidora salvo el aceite y el pimentón. Batimos y vertemos poco a poco agua hasta que obtengamos la textura que más nos guste, que se pueda untar en el pan fácilmente, que quede suave. A modo de decoración, espolvoreamos el pimentón y repartimos las cucharadas de aceite.

AGUACATE

1/2 aguacate pequeño por comensal
pimienta negra en polvo
brotes de alfalfa o de cebolla

Simplemente sacamos la pulpa del aguacate, la ponemos en la rebanada de pan, extendemos con la ayuda de un tenedor, espolvoreamos con pimienta negra y agregamos los brotes.

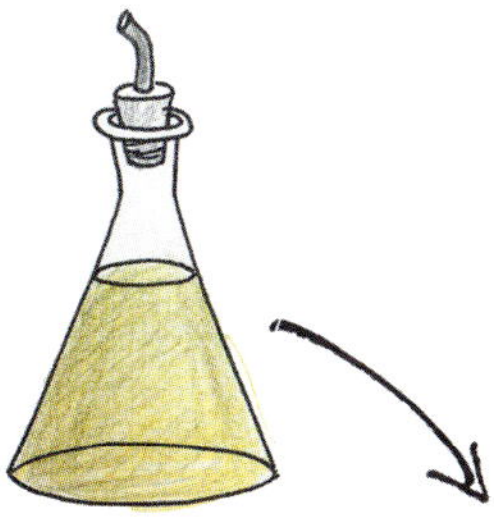

PIPIRRANA

2 tomates maduros
1 cebolla morada
1 pimiento verde
12 aceitunas negras
2 cucharadas de
aceite de oliva virgen extra
vinagre
sal

Cortamos todos los ingredientes en trocitos muy pequeños, muy finos, agregamos el aceite, un buen chorro de vinagre y sal y mezclamos muy bien. Como decoración, ponemos las aceitunas.

SÁBADO
PIMIENTOS RELLENOS DE SEITÁN CON PURÉ DE LENTEJAS

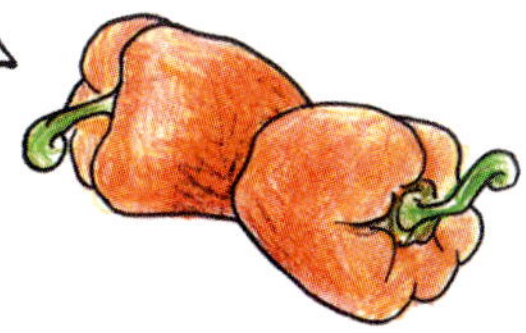

Para el relleno de los pimientos: en una sartén ponemos el aceite, sal, la cebolla, el puerro, el calabacín y el seitán, todos cortados finitos. Los sofreímos hasta que estén dorados, pero no demasiado, unos 5 o 6 minutos. Eliminamos el rabo de los pimientos haciendo un agujero generoso, aceitamos ligeramente la piel, los rellenamos con la preparación y los horneamos durante 40 o 45 minutos a 200 °C.
Para el puré: cocemos las lentejas, la cebolla y el ajo durante 20 o 25 minutos. Transcurrido este tiempo, escurrimos bien todo el agua y batimos vertiendo poco a poco leche de almendras hasta obtener la textura deseada. Servimos los pimientos acompañados con el puré.

PARA LOS PIMIENTOS

4 pimientos rojos grandes
200 g de seitán
1 cebolla mediana
½ puerro
½ calabacín pequeño
2 cucharadas de aceite de oliva
sal

PARA EL PURÉ DE LENTEJAS

150 g de lentejas rojas
½ cebolla pequeña
1 diente de ajo
leche de almendras

SEMANA N.º2 *día 13*

CENA

4

SÁBADO
ENSALADA CAMPERA

Pelamos y lavamos las patatas, y las cortamos en trozos no muy grandes. Eliminamos las puntas y las hebras de los laterales de las judías verdes y las cortamos en dos o tres trozos. En una olla, cocemos las patatas, las judías y los guisantes durante 25 minutos; debemos vigilar que no se deshaga la patata en exceso. Transcurrido este tiempo, escurrimos las verduras, las transferimos a un bol o fuente honda y agregamos la cebolla roja laminada, el zumo de limón, cuatro o cinco cucharadas de aceite, el perejil, la sal al gusto y el pimentón dulce (opcional). Lo removemos todo y servimos la ensalada en caliente o fría. Otra opción sería, una vez cocidas las judías y las patatas, escurrirlas y saltearlas en una sartén con una cucharada de aceite y el ajo en rodajas durante 3 o 4 minutos antes de mezclar con el resto de los ingredientes.

INGREDIENTES

300 g de judías verdes
4 patatas medianas
70 g de guisantes frescos
½ cebolla roja
el zumo de
1 limón o vinagre
perejil
pimentón dulce (opcional)
1 diente de ajo (opcional)
5 cucharadas de aceite de
oliva virgen extra
sal

DOMINGO
HAMBURGUESA DE JUDÍAS PINTAS

Con un tenedor, aplastamos las judías cocidas; no hace falta que queden como un puré, pueden quedar algunos trozos enteros. Reservamos. En una sartén con dos cucharadas de aceite, rehogamos el ajo, la cebolla y el pimiento, cortados en trozos pequeños, hasta que la cebolla quede transparente. En ese momento agregamos las judías, lo mezclamos todo bien durante 2 o 3 minutos y lo transferimos a un bol. Seguidamente, incorporamos el perejil o el cilantro, la especia que deseemos, sal al gusto, pimienta, el lino molido y la harina y volvemos a mezclar muy bien. Lo dejamos reposar, mejor en la nevera, durante 1 hora aproximadamente. Pasado este tiempo, retiramos de la nevera, damos forma a las hamburguesas y las disponemos en una bandeja para horno untada con muy poquito aceite. Las horneamos a 180 °C durante 20 minutos. Las podemos servir en el típico pan de hamburguesa, si es integral mucho mejor, acompañadas de unas hojas de lechuga con tomates cherry y zanahoria rallada, aliñado todo con aceite de oliva virgen extra, limón y sal.

INGREDIENTES

- 2 tazas de judías pintas cocidas (300 g)
- 1/2 cebolla mediana
- 2 dientes de ajo
- 1/2 pimiento rojo
- 2 cucharadas de semillas de lino molidas
- 3 cucharadas de harina integral de espelta o de arroz
- 3 cucharadas de aceite de oliva virgen extra
- perejil o cilantro
- cúrcuma o cualquier especia que nos guste
- pimienta
- sal

SEMANA N.º2 *día 14*

CENA

4

DOMINGO VICHYSSOISE Y TEMPEH TERIYAKI

Vichyssoise: ponemos dos cucharadas de aceite de oliva virgen extra en una cazuela, añadimos la cebolla y los puerros cortados finos; cuando estén un poco dorados incorporamos las patatas cortadas en rodajas (estilo panadera), lo movemos un par de veces todo y cubrimos con abundante agua. Cocemos a fuego lento unos 40 o 45 minutos. Transcurrido este tiempo, escurrimos el agua y pasamos los ingredientes por la batidora, agregamos la leche vegetal, salamos al gusto y volvemos a batir. Finalmente, lo dejamos enfriar y conservamos en la nevera 2 o 3 horas. Al servir podemos espolvorearla con un poquito de pimienta negra y un chorrito de aceite de oliva.

Salsa: en un cuenco o bol mediano, mezclamos muy bien una taza de agua, la salsa de soja y la harina de garbanzos. A continuación, agregamos la panela o azúcar de coco, el jengibre molido, el ajo en polvo y una pizca de cayena picante, también en polvo. Volvemos a remover todo hasta obtener una mezcla homogénea, reservamos.

Tempeh teriyaki: en una sartén o wok con dos cucharadas de aceite de oliva virgen extra, ponemos el pimiento rojo en rodajas medianas, damos tres o cuatro vueltas e incorporamos el *tempeh* en tiras y los cacahuetes. Removemos de nuevo dos o tres veces y agregamos la salsa *teriyaki*. Lo cocemos unos 6 u 8 minutos hasta que la salsa quede espesa, que se pegue en el *tempeh*, pero cuidado que no se nos queme.

INGREDIENTES

2 puerros grandes
1 cebolla mediana
3 patatas medianas
2 vasos de leche de almendras (400 ml)
aceite de oliva virgen extra
pimienta negra (opcional)
sal

PARA EL TEMPEH

300 g de "tempeh"
1 pimiento rojo
50 g de cacahuetes
aceite de oliva virgen extra

PARA LA SALSA TERIYAKI

50 ml de salsa de soja
1 cucharadita de jengibre molido
2 cucharadas de panela o azúcar de coco
1 cucharada de harina de garbanzos
cayena picante molida (opcional)
1/2 cucharadita de ajo en polvo

SEMANA N.º3

Con el plan de esta semana integraremos en nuestros platos, de una forma rica y variada, prácticamente todas las legumbres que encontramos en el mercado (garbanzos, lentejas, *azukis*, soja, etc.). Recuerda que son una buena fuente de proteínas, minerales y antioxidantes y que deben estar presentes muy a menudo en nuestra alimentación.

PORRIDGE DE AVENA

1

1 taza de copos de avena o cebada
1 taza y 1/2 de leche de almendras o avena
3 fresas en láminas
1 cucharada de pipas de girasol
1 cucharada de semillas de amapola
1 cucharada de chocolate negro
3-4 nueces (podemos ir variando las frutas, semillas y frutos secos según nuestras preferencias)
sirope de agave (opcional)

Ponemos la leche vegetal al fuego. Cuando rompa a hervir, agregamos la avena y no dejamos de remover para que no se pegue; será suficiente con 6 u 8 minutos, cuanto más tiempo, más espeso nos quedará.
A continuación, transferimos la preparación a un tazón y agregamos haciendo filas el resto de los ingredientes. Podemos completar con un chorrito de sirope de agave.

IDEA MERIENDA

1

4 almendras, 3 nueces y 2 cuadraditos de chocolate negro

2

5 almendras
1 infusión o té verde con 3 dátiles, y 1 cuadradito de chocolate negro

3

1 tostada de pan integral con medio aguacate

4

1 infusión o té verde con una pieza de fruta tipo plátano, manzana o naranja

	almuerzo	cena
LUNES *día 15*	Curri de garbanzos	Pisto clásico
MARTES *día 16*	Lentejas indias	Cuscús de coliflor
MIÉRCOLES *día 17*	Tofu en salsa	Gazpacho y brochetas de verduras
JUEVES *día 18*	Pizza vegetal	Alcachofas guisadas
VIERNES *día 19*	Curri de *azukis*	Kebab de seitán
SÁBADO *día 20*	Hamburguesa de mijo	Caldo verde con amaranto
DOMINGO *día 21*	Crema de calabaza y escalivada	Falafel con ensalada de lombarda

INGREDIENTES

300 g de garbanzos cocidos
50 g de nueces
200 ml de leche de almendras
1 cebolla mediana
2 dientes de ajo
1 cucharada de curri
1/2 cucharada de jengibre en polvo
1 cucharadita de pimienta negra
1/2 cucharadita de comino en polvo
aceite de oliva virgen extra
cilantro fresco
sal

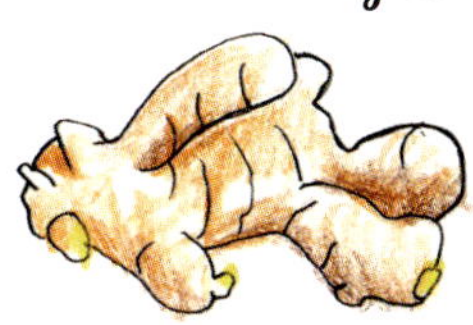

LUNES
CURRI DE GARBANZOS

En una sartén con dos cucharadas de aceite de oliva virgen extra ponemos la cebolla y el ajo bien picados y sofreímos durante 5 minutos. Mientras, en una tacita mezclamos el curri, el jengibre, la pimienta y el comino y lo echamos en la sartén. Removemos muy bien con una cuchara de madera sin que se queme, apenas 1 minuto. Seguidamente, incorporamos la leche de almendras y las nueces molidas para espesar la salsa y llevamos a ebullición. En este punto, agregamos los garbanzos cocidos y el cilantro picado y salamos. Dejamos reducir la salsa hasta que tenga una textura melosa, aproximadamente 5 o 7 minutos, y ya está.

SEMANA N.º3 *día 15*

CENA

4

LUNES PISTO CLÁSICO

INGREDIENTES

PARA 4 PERSONAS

1 berenjena grande
1 calabacín
4 tomates maduros
1 pimiento verde
1 cebolla grande
2 dientes de ajo
cilantro o perejil
aceite de oliva virgen extra
sal

Calentamos tres cucharadas de aceite de oliva en una sartén y ponemos la cebolla, el pimiento verde y el ajo muy picados. Cuando estén dorados, incorporamos la berenjena y el calabacín cortados en cuadrados y rehogamos durante 6 u 8 minutos a fuego medio-bajo. Mientras, picamos los tomates en trozos pequeños, los agregamos a la sartén y salamos.

Con la ayuda de una cuchara de madera, removemos constantemente durante otros 10 o 12 minutos. Transcurrido este tiempo, apagamos el fuego y dejamos reposar unos minutos para que se mezclen mejor los sabores.

Servir con cilantro o perejil fresco picado y acompañar con un par de tostadas de pan de centeno o espelta.

MARTES LENTEJAS INDIAS

Cocemos las lentejas rojas en una cazuela con el doble de agua que de lentejas y el laurel. El tiempo de cocción aproximado son 25 minutos; en esta receta nos interesa que las lentejas queden "pasadas", que se deshagan un poco. Mientras, en una sartén con tres cucharadas de aceite de oliva ponemos la cebolla en tiras finas. Cuando esté dorada, unos 5 o 6 minutos, incorporamos los tomates muy picados (pelados o sin pelar), damos unas cuantas vueltas con una cuchara de madera y ponemos el comino, la cúrcuma, el jengibre en polvo, el curri y una pizca de pimienta negra y sal. Seguimos mezclando los ingredientes y a la vez vamos aplastando con la cuchara, para que quede una especie de puré. Reservamos.
Cuando estén lista las lentejas, retiramos el laurel, escurrimos el agua y las incorporamos a la sartén donde están el resto de ingredientes. Cocemos a fuego fuerte sin dejar de remover durante 3 o 4 minutos. Podemos acompañar este plato con arroz integral cocido durante 30 o 35 minutos.

INGREDIENTES

320 g de lentejas rojas
2 tomates maduros
1 cebolla pequeña
1 hoja de laurel
1 cucharadita de comino
1 cucharadita de cúrcuma
1 cucharadita de jengibre en polvo
1 cucharadita de curri
aceite de oliva virgen extra
pimienta negra
sal

SEMANA N.º3 *día 16*

CENA

4

MARTES

CUSCÚS DE COLIFLOR

INGREDIENTES

500 g de coliflor
1 pimiento rojo
12 avellanas
el zumo de 1 lima
cilantro o perejil picado
aceite de oliva virgen extra
sal

Lavamos la coliflor y la secamos muy bien; es importante el secado para que no se apelmace y quede como una pasta. Con la ayuda de un rallador fino, vamos pasando trozos de coliflor. El resultado será una textura como de cuscús. Una vez rallada, la podemos tomar directamente cruda o cocerla durante únicamente 3 minutos en agua; después, la escurrimos muy bien, la transferimos a un bol y dejamos enfriar. Cortamos el pimiento rojo en tiras finas, puede ser crudo o cocido durante 10 o 12 minutos. Troceamos las avellanas.

Una vez frío el cuscús de coliflor, agregamos tres cucharadas de aceite de oliva virgen extra, el zumo de lima, el pimiento y las avellanas, salamos al gusto y, con la ayuda de un tenedor, removemos para que se mezclen los ingredientes. Antes de servir, espolvoreamos con el cilantro o el perejil picado.

MIÉRCOLES
TOFU EN SALSA

En una cazuela con dos dedos de agua, disponemos la cebolla cortada en tiras muy finas y el ajo picado, y cocemos unos 5 minutos. Pasado este tiempo, agregamos las patatas peladas, lavadas y cortadas en trozos pequeños. Damos un par de vueltas con una cuchara de madera, cubrimos con abundante agua y cocemos durante 20 o 25 minutos, hasta que las patatas estén blandas.
A continuación, agregamos el tofu cortado en dados y las espinacas. Cocemos 5 minutos más. Retiramos del fuego y escurrimos si queda algo de agua.
En una sartén con dos cucharadas de aceite de oliva virgen extra ponemos los tomates con piel muy picados, una pizca de sal, otra de pimienta negra y comino en polvo. Con la ayuda de una cuchara de madera, vamos aplastándolo para obtener una salsa, alrededor de 10 minutos.
Pasado este tiempo, incorporamos el tofu, las patatas y las espinacas, removemos muy bien cuatro o cinco veces y servimos con un poquito de perejil fresco y cebollino.

INGREDIENTES

300 g de tofu
100 g de espinacas
2 patatas grandes
2 tomates maduros
1 cebolla pequeña
2 dientes de ajo
perejil
cebollino
comino en polvo
aceite de oliva virgen extra
pimienta negra
sal

SEMANA N.º3 *día 17*

CENA

4

MIÉRCOLES GAZPACHO Y BROCHETAS DE VERDURAS

Lavamos bien los tomates (mejor sin piel), el pepino, el pimiento y la cebolla. Los troceamos y disponemos en el vaso de la batidora junto con el resto de los ingredientes. Batimos hasta que esté todo bien integrado y vamos agregando agua según la textura que deseemos. Si nos gusta algo más espeso, podemos poner una rebanada de pan integral antes de batir. Guardamos en el frigorífico y servimos bien frío.

Para preparar las brochetas, cortamos todos los ingredientes en cuadrados que sean fáciles de ensartar y los hacemos a la plancha, con muy poco aceite, durante 6 u 8 minutos, que queden duritos. Podemos acompañarlas con salsa mexicana.

Para hacer la salsa mexicana, ponemos todos los ingredientes en el vaso de la batidora, el tomate mejor pelado. Batimos intentando que queden algunos trozos sin procesar, que se vean los ingredientes, y lista.

PARA EL GAZPACHO

1 kg de tomates maduros
1/4 de pepino
1/2 pimiento verde
1/4 de cebolla mediana
1 rebanada de pan integral (opcional)
1 diente de ajo pequeño
4 cucharadas de aceite de oliva
2 cucharadas de vinagre
sal

PARA LAS BROCHETAS

2 cebollas medianas
2 pimientos verdes
1 pimiento rojo
1 berenjena mediana
1 calabacín mediano
8 tomates cherry
8 champiñones pequeños

PARA LA SALSA MEXICANA

1 tomate muy maduro
1/2 cebolleta
3 nueces
1 diente de ajo
el zumo de 1 lima
1/2 cucharadita de comino
1/2 cucharadita de cayena en polvo
cilantro

JUEVES PIZZA VEGETAL

Para preparar la masa, en un bol ponemos la harina integral, preferiblemente de espelta o de centeno, la sal, una pizca de orégano, la levadura si queremos que nos quede más esponjosa, si la queremos más crujiente (tipo coca) no ponemos levadura, y removemos todo muy bien. Seguidamente, incorporamos el aceite de oliva virgen extra y volvemos a mezclar con la ayuda de una cuchara. Vamos echando poco a poco agua, si es tibia mucho mejor, y seguimos mezclando con la cuchara; llegará un momento en que nos tendremos que ayudar con las manos, hasta obtener una masa compacta, que no se pegue en los dedos pero flexible, fácil de manipular.
Amasamos durante 10 o 15 minutos, hacemos una bola y la dejamos reposar 30 o 40 minutos.
Antes de utilizarla, espolvoreamos la encimera de la cocina con harina y con la ayuda de un rodillo enharinado extendemos la masa para darle la forma que deseemos.
Para la salsa de tomate, ponemos una cucharada de aceite de oliva virgen extra en una sartén y media cebolla

muy picada y salteamos 2 o 3 minutos. Seguidamente, incorporamos los tomates pelados y cortados en trozos pequeños y un chorrito de agua y con la ayuda de una cuchara de madera vamos aplastando el tomate mientras se cuece, durante 10 minutos. Pasado este tiempo, ya tenemos nuestra salsa de tomate, que también podemos comprar ya hecha.
Precalentamos el horno a 180 °C. Extendemos la masa de la pizza y la ponemos en la bandeja del horno untada con un poquito de aceite de oliva para que no se pegue. Ponemos la salsa de tomate y horneamos durante 10 minutos. Mientras, vamos cortando los champiñones en láminas, y la otra media cebolla y los pimientos, en tiras.
Transcurrido el tiempo de cocción de la base de la pizza, disponemos encima los champiñones, la cebolla, los pimientos, los guisantes, un chorrito de aceite y una pizca de sal y la horneamos 20 o 25 minutos más. En total 30 o 35 minutos, dependerá del grosor de la masa. Hay que vigilar que no se queme.
Al sacarla ponemos albahaca fresca y espolvoreamos con pimienta negra.

PARA LA MASA

450 g de harina integral de espelta
250 ml de agua
4 cucharadas de aceite de oliva
1/2 cucharadita de levadura en polvo para pan (opcional)
orégano seco
1/2 cucharadita de sal

PARA LA PIZZA VEGETAL

100 g de champiñones
1/2 cebolla
1 pimiento rojo
1 pimiento amarillo
un puñado de guisantes
albahaca fresca
pimienta negra
1/2 cucharadita de sal
aceite de oliva virgen extra

PARA LA SALSA DE TOMATE

4 tomates maduros
1/2 cebolla grande
aceite de oliva virgen extra

SEMANA N.º3 *día 18*

CENA

4

JUEVES ALCACHOFAS GUISADAS

Limpiamos las alcachofas, quitándoles las hojas más duras del exterior y las puntas, las cortamos en trozos medianos y las lavamos muy bien.
En un bol, las mezclamos con el zumo de limón para que no se pongan negras.
Pelamos las patatas, las lavamos y las cortamos también en trozos de un grosor medio.
A continuación, las agregamos al bol de las alcachofas y echamos tres cucharadas de aceite de oliva, la sal al gusto y la harina de garbanzos. Removemos muy bien; podemos ayudarnos con las manos para que todo quede bien impregnado.
En una cazuela, ponemos un chorrito de aceite de oliva, sofreímos los dientes de ajo enteros, sin piel, 2 o 3 minutos, y agregamos todo el contenido del bol. Lo removemos todo bien con la ayuda de una cuchara de madera y cubrimos con agua.
En este punto, cocemos entre 20 y 25 minutos, vigilando que no se nos consuma el agua, pero que al final nos quede una salsa espesa.
Salamos y servimos con cilantro o perejil y un poquito de pimentón.

INGREDIENTES

8 alcachofas grandes
2 patatas medianas
3 dientes de ajo
el zumo de 1 limón
2 cucharadas de harina de garbanzos
pimentón
cilantro o perejil
aceite de oliva
sal

VIERNES
CURRI DE *AZUKIS*

Ponemos a cocer en agua los *azukis* durante 70 o 50 minutos (25 minutos en olla exprés) con el laurel. Si los ponemos a remojo varias horas antes se puede acortar este tiempo; también pueden ser alubias pintas.
Transcurridos 35 minutos de cocción, incorporamos el arroz integral; y después de 15 minutos más, la coliflor, las zanahorias en trozos y las algas, muy poquitas; va bien el musgo de mar o *wakame* (pueden ser otras).
Una vez cumplidos los 70 minutos de cocción, escurrimos todo y reservamos.
En una sartén con un poquito de agua, ponemos las setas frescas en trocitos. Pasados 5 minutos, cuando se haya evaporado el agua, agregamos el curri, movemos y vertemos la leche de coco o cualquier otra leche vegetal. En este punto, dejamos 2 o 3 minutos para que reduzca un poco, pero sin que se consuma del todo la leche, agregamos el resto de los ingredientes que teníamos reservados, salamos al gusto y removemos.
Podemos completar el plato con cilantro fresco.

INGREDIENTES

- 3 tazas de "azukis" (210 g)
- 1 taza de arroz integral (200 g)
- 1 taza de coliflor en trozos grandes (80 g)
- 1 hoja de laurel
- 2 zanahorias
- 1 cucharada de algas deshidratadas (musgo de mar o "wakame")
- 6 setas
- 1 cucharada de curri
- 1/2 taza de leche de coco (100 ml)
- cilantro
- sal

SEMANA N.°3 *día 19*

CENA

4

VIERNES KEBAB DE SEITÁN

Cortamos el seitán en filetes rectangulares muy finos, tipo kebab, y los hacemos a la plancha en una sartén con muy poquito aceite de oliva virgen extra, simplemente vuelta y vuelta.
Cortamos la cebolla en juliana; el tomate y los rabanitos, en rodajas, y el cebollino y las nueces, muy picados.
Horneamos los panes de pita si fuera necesario (lo indicarán las instrucciones del fabricante) y los rellenamos con todos los ingredientes.
Para terminar, agregamos la mostaza (mejor sin azúcares añadidos), la rúcula y las semillas de amapola.

INGREDIENTES

4 unidades de pan de pita
240 g de seitán
un puñado de rúcula
½ cebolla morada
1 tomate maduro
4 rabanitos
2 cucharaditas de mostaza
8 nueces
semillas de amapola
cebollino
aceite de oliva virgen extra

SEMANA N.º3 *día 20*
ALMUERZO
6-7 ud.

SÁBADO
HAMBURGUESA DE MIJO

INGREDIENTES

200 g de mijo
100 g de lentejas cocidas
50 g de espinacas
½ cebolla pequeña
leche vegetal de almendras o avena
6 cucharadas de semillas de lino
6 cucharadas de sésamo
1 cucharadita de cúrcuma en polvo
1 hoja de laurel
pan rallado (opcional)
pimienta negra en polvo
sal

Cocemos el mijo durante 25 minutos con una hoja de laurel. Cuando falten 5 minutos para terminar, agregamos las espinacas limpias. Transcurrido este tiempo, escurrimos muy bien el agua, retiramos el laurel y transferimos a un bol. Seguidamente, incorporamos al bol las semillas de lino y sésamo que hemos molido previamente con la ayuda de un molinillo de café (nos servirán como una especie de harina), las lentejas ya cocidas, la cebolla cortada en trocitos muy pequeños, la cúrcuma, una pizca de pimienta negra en polvo y sal. Mezclamos muy bien todos los ingredientes con la ayuda de una cuchara al principio y, después, con las manos. La masa debe quedarnos compacta; si no es así, podemos agregar más semillas molidas. Dejamos reposar 30 minutos. Pasado este tiempo, damos forma a las hamburguesas y las vamos pasando por un plato con leche vegetal, preferiblemente de almendras o avena; después, por el pan rallado (este rebozado es opcional) y las colocamos en una bandeja para horno. Horneamos durante 20 o 25 minutos a 180 °C. También las podemos hacer fritas o a la plancha, pero con poco aceite.

SEMANA N.º3 *día 20*

CENA

4

SÁBADO

CALDO VERDE CON AMARANTO

Ponemos en una cazuela dos cucharadas de aceite de oliva virgen extra, la cebolla cortada en tiras muy finas y los dientes de ajo en láminas, y lo doramos ligeramente durante 2 o 3 minutos. A continuación, incorporamos las patatas cortadas en trozos pequeños, removemos un par de veces y cubrimos de agua. Lo cocemos durante 20 o 25 minutos, hasta que la patata esté blanda. Transcurrido este tiempo, pasamos el contenido de la cazuela a un bol y batimos muy fino; quizás tengamos que agregar agua si se nos ha consumido durante la cocción de las patatas. Transferimos este caldo a una olla, la ponemos al fuego y añadimos el amaranto, la col cortada en tiras muy finitas, las acelgas en trozos algo más grandes, las semillas de comino y sal al gusto y cocemos durante 15 minutos. Servimos caliente espolvoreada con el cilantro o perejil y acompañada con un rebanada de pan integral tostado por comensal.

INGREDIENTES

150 g de amaranto
250 g de col "kale" o repollo o berza
100 g de acelgas
300 g de patatas
1 cebolla mediana
3 dientes de ajo
½ cucharadita de semillas de comino
cilantro o perejil
aceite de oliva virgen extra
sal

DOMINGO
CREMA DE CALABAZA Y ESCALIVADA

Cortamos la calabaza en tacos pequeños. En una cacerola, ponemos la leche de almendras o el agua. Cuando rompa a hervir, incorporamos la calabaza, la cebolla cortada finita y el trigo sarraceno, y lo cocemos durante 20 o 25 minutos. Transcurrido este tiempo, agregamos el comino, salamos, y pasamos por la batidora hasta que quede una mezcla suave.

En el momento de servir la crema, podemos decorarla con cebollino picado o albahaca.

Para la escalivada, lavamos todos los ingredientes. Seguidamente, cortamos las berenjenas y los pimientos verdes y rojos en tiras anchas; partimos los tomates por la mitad y las cebollas en cuartos, y chafamos ligeramente los dientes de ajo.

Lo disponemos todo en una bandeja para el horno; aceitamos ligeramente y horneamos 40 o 45 minutos a 200 °C.

Pasado este tiempo, salpimentamos al gusto. Podemos completar con un chorrito de limón y aceite de oliva en crudo.

PARA LA CREMA DE CALABAZA

200 g de calabaza
100 g de trigo sarraceno
½ cebolla mediana
1 l de leche de almendras o agua
cebollino o albahaca (opcional)
comino
sal

PARA LA ESCALIVADA

2 berenjenas medianas
2 cebollas
2 pimientos rojos
2 pimientos verdes
10-12 dientes de ajo
2 tomates grandes
aceite de oliva virgen extra
pimienta
sal

SEMANA N.º3 *día 21*

CENA

8 ud.

DOMINGO
FALAFEL CON ENSALADA DE LOMBARDA

Ponemos los garbanzos crudos a remojo durante 14 o 16 horas. Después, escurrimos y transferimos a un bol. Seguidamente, agregamos la cebolla y el ajo, batimos hasta obtener una masa e incorporamos la harina de garbanzos, el aceite, el cilantro, la levadura en polvo, una pizca de comino en polvo, una pizca de pimienta y sal. Mezclamos muy bien con una cuchara o con las manos y dejamos reposar la preparación 2 horas en la nevera. Transcurrido este tiempo, la sacamos, le damos forma de pequeñas hamburguesas o bolas medianas y las disponemos en una bandeja para el horno con el fondo untado ligeramente con aceite. Horneamos 15 minutos a 200 °C. También las podemos freír con muy poquito aceite, 2 minutos por cada lado. Para preparar la ensalada, cortamos la lombarda en tiras muy finas; la manzana, en cuadraditos; la zanahoria, rallada; los tomates cherry, por la mitad. Lo disponemos todo en un bol grande y agregamos las semillas de calabaza, el aceite y la sal. Debemos mezclar muy bien todos los ingredientes.

PARA EL FALAFEL

200 g de garbanzos crudos
3 cucharadas de harina de garbanzos
½ cebolla
2 dientes de ajo
2 cucharadas de aceite de oliva
2 cucharadas de cilantro
1 cucharadita de levadura en polvo
comino en polvo
pimienta negra
sal

PARA LA ENSALADA

120 g de lombarda
1 manzana
1 zanahoria
8 tomates cherry
2 cucharadas de semillas de calabaza
aceite de oliva virgen extra
sal

DESAYUNO MEXICANO

- 1 tostada de guacamole →
- 1 taza de *rooibos* u otra infusión
- 1 cuadrado de chocolate negro
- 1 cucharada de cacahuetes sin sal
- 1 cucharada de semillas de calabaza
- ¼ de papaya

GUACAMOLE

1 aguacate maduro
1/4 de cebolla morada cortada pequeñita
1/2 tomate maduro cortado en trozos pequeñitos
2 cucharadas de aceite de oliva virgen extra
el zumo de 1 lima
sal

SEMANA N.º4

En esta última semana nos acercamos a la comida internacional, con toques asiáticos, mexicanos, franceses o tan nacionales como el gazpacho y la tortilla de patatas. Para comprobar que la cocina saludable no es sinónimo de comida aburrida, solo hay que ponerle algo de creatividad, originalidad y, cómo no, cariño.

IDEAS MERIENDA

1

4 almendras,
3 nueces,
1 pieza de fruta
y 1 infusión

2

1 tostada de pan integral con aceite de oliva y tomate y 1 infusión

3

1 vaso de leche de almendras o avena con 4 cucharadas de muesli sin azúcares añadidos

En un bol, ponemos todos los ingredientes y con la ayuda de un tenedor vamos mezclándolo y aplastándolo todo hasta que quede una especie de crema suave. Lo podemos completar con cilantro picado y untarlo en una rebanada de pan integral.

		almuerzo	cena
LUNES	día 22	Wok con *tempeh*	Croquetas de mijo y crema de calabacín
MARTES	día 23	Bulgur marroquí	Ensalada de judías blancas
MIÉRCOLES	día 24	Menestra con quinoa	*Sushi*
JUEVES	día 25	Pastel de verduras	*Ratatouille* y crema de zanahoria
VIERNES	día 26	Calabacines rellenos de verduras y tofu	Ensaladilla rusa
SÁBADO	día 27	Albóndigas de garbanzos y espinacas	Patés vegetales y ensalada de *kale*
DOMINGO	día 28	Tacos de seitán y *hummus*	Sopa de cebolla y tortilla de patatas

LUNES
WOK CON *TEMPEH*

Lavamos muy bien todos los vegetales y los cortamos en tiras gruesas. En una sartén honda o, mejor, en un wok, ponemos tres cucharadas de aceite de oliva virgen extra y rehogamos las verduras unos 5 o 6 minutos. Transcurrido este tiempo, agregamos el *tempeh* también en tiras y seguimos rehogando otros 4 o 5 minutos. Mientras, en una taza o bol, mezclamos todos los ingredientes para la salsa. La vertemos en la sartén o wok, ponemos los *noodles* y cocemos el tiempo que indique el fabricante. En algunos casos, tendremos que agregar más leche vegetal.

INGREDIENTES

250 g de "noodles"
250 g de "tempeh"
1 pimiento verde
1 zanahoria
1 calabacín
1/2 cebolla morada
aceite de oliva virgen extra

PARA LA SALSA

50 g de cacahuetes picados
1 cucharada de curri
1 cucharadita de cúrcuma en polvo
1/2 taza de leche de coco o almendras (100 ml)
1 cucharadita de pimentón picante
2 cucharadas de salsa de soja

LUNES
CROQUETAS DE MIJO Y CREMA DE CALABACIN

Cocemos el mijo durante 20 minutos en abundante agua; mejor que quede algo pasado para poder dar forma a las croquetas. Cuando falten 10 minutos para el final, agregamos las setas cortadas en trocitos muy pequeños, y hacemos lo mismo con la cebolla y el puerro. Finalizada la cocción, escurrimos, lo ponemos todo en un bol y dejamos enfriar.
Mientras, aplastamos y desmigamos el tofu con la ayuda de un tenedor, y en una sartén con una cucharada de aceite lo rehogamos, removiendo sin parar. Podemos agregarle nuez moscada, pimienta, cúrcuma o cualquier otra especia. Una vez que esté dorado, lo transferimos al bol con el resto de los ingredientes, agregamos el lino molido, salamos y mezclamos muy bien con un tenedor, hasta que quede una masa más o menos homogénea.
A continuación, pasamos la masa ligeramente por la batidora, 2 o 3 minutos nada más, para que podamos manejarla mucho mejor. Cuando esté fría, damos forma a las croquetas y las disponemos en una bandeja para el horno con el fondo untado en un poquito de aceite. Horneamos a 180 °C durante 10 minutos. Podemos rebozarlas previamente con pan rallado o con semillas de sésamo.
Para hacer la crema, lavamos y cortamos los calabacines y pelamos la manzana. En una olla, disponemos la cebolla, el diente de ajo, los calabacines y la manzana y lo cocemos durante 20 minutos. Transcurrido este tiempo, escurrimos y transferimos al vaso de la batidora. Salpimentamos y batimos mientras vamos agregando la leche vegetal hasta conseguir la textura que más nos guste. Una vez servida la crema, la completamos con un chorrito de aceite y germinados.

INGREDIENTES

200 g de mijo
4-5 setas (la variedad que queramos)
½ cebolla mediana
½ puerro
100 g de tofu
1 cucharada de semillas de lino molidas
aceite de oliva virgen extra
especias al gusto (nuez moscada, cúrcuma...)
pan rallado o semillas de sésamo (opcional)
sal

PARA LA CREMA

3 calabacines medianos
1 manzana
½ cebolla
1 diente de ajo
leche de almendras o avena
germinados
aceite de oliva virgen extra
pimienta negra
sal

MARTES
BULGUR MARROQUÍ

Cortamos las zanahorias, el calabacín y la berenjena en tiras medianas y lo disponemos todo en la bandeja del horno. Lo rociamos con un chorrito de aceite y horneamos 20 o 25 minutos a 180 °C. Mientras, cocemos el bulgur durante 15 minutos. Pasado este tiempo, lo escurrimos muy bien y transferimos a una sartén con muy poquito aceite; mezclamos todas las especias (jengibre, pimentón, canela y cúrcuma) en una taza, las ponemos en la sartén con el bulgur, removemos dos o tres veces, sin que se quemen, y disponemos en una ensaladera. Agregamos las zanahorias, el calabacín y la berenjena una vez todo horneado, y completamos con los granos de la granada, dos o tres cucharadas de aceite de oliva en crudo, el zumo de limón y sal al gusto.

INGREDIENTES

240 g de bulgur
4 zanahorias
1 calabacín pequeño
1/4 de berenjena
los granos de 1/2 granada
1/4 de cucharadita de jengibre en polvo
1/4 de cucharadita de pimentón
1/4 de cucharadita de canela
1/2 cucharadita de cúrcuma
el zumo de 1 limón
aceite de oliva virgen extra
sal

SEMANA N.º4 *día 23*

CENA

4

MARTES ENSALADA DE JUDÍAS BLANCAS

Lavamos muy bien los canónigos, la rúcula y la lombarda, que habremos cortado en tiras finas, escurrimos y transferimos a un bol o ensaladera. Seguidamente, incorporamos las judías blancas cocidas, que previamente habremos pasado por debajo del chorro del agua en un colador, los tomates partidos por la mitad, la manzana en trozos pequeños, las semillas y el cebollino picado.
Para hacer la salsa, simplemente ponemos todos los ingredientes en un bol y con la ayuda de un tenedor o unas varillas mezclamos muy bien. Es preferible que la mostaza no lleve azúcares añadidos; podemos optar por antigua o de Dijon. Servimos en un cuenco aparte para que cada comensal decida la cantidad que quiere tomar.

INGREDIENTES

200 g de judías blancas cocidas
1 manzana
100 g de canónigos
50 g de rúcula
50 g de lombarda
12 tomates cherry
4 cucharadas de semillas de girasol
4 cucharadas de semillas de calabaza
cebollino picado

PARA LA SALSA

2 cucharadas de mostaza
3 cucharadas de aceite de oliva virgen extra
el zumo de 1/2 limón
tomillo fresco
orégano

MIÉRCOLES
MENESTRA CON QUINOA

Lavamos y cortamos las judías verdes en trozos de unos 5 cm y las cocemos durante 25 minutos junto con el laurel y las zanahorias peladas, lavadas y cortadas en rodajas de 2 cm. Transcurridos 10 minutos de la cocción, agregamos la coliflor y el brócoli en trozos medianos y los guisantes sin vaina, preferiblemente frescos. Mientras tanto, lavamos muy bien la quinoa debajo del chorro del agua y la cocemos unos 20 minutos, hasta que el centro esté transparente. Finalmente, mezclamos todos los ingredientes incorporando las almendras y nueces picadas, las aceitunas, unas hojas de hierbabuena, un chorrito de aceite, el zumo de lima y la sal.

INGREDIENTES

240 g de quinoa
200 g de judías verdes
100 g de guisantes
2 zanahorias
100 g de brócoli
100 g de coliflor
1 hoja de laurel
4-5 almendras
4-5 nueces
12 aceitunas negras
el zumo de 1 lima
hierbabuena
aceite de oliva virgen extra
sal

SEMANA N.º4 *día 24*

CENA

4

MIÉRCOLES
SUSHI

Ponemos el arroz en un bol grande, lo llenamos de agua y lo lavamos muy bien con las manos; seguidamente, lo escurrimos con la ayuda de un colador y lo volvemos a poner en el bol. Repetimos esta operación seis o siete veces hasta que el agua salga transparente.

Una vez limpio, lo ponemos en una cacerola con los 350 ml de agua para que cueza entre 10 y 12 minutos con la tapadera puesta. Transcurrido este tiempo, lo retiramos del fuego y dejamos que repose 10 minutos más.

A continuación, extendemos el arroz en una fuerte de cristal grande, y vamos echando el vinagre de arroz poco a poco y removiendo ligeramente con la ayuda de un tenedor. Lo dejamos enfriar del todo.

En una esterilla de bambú para hacer *sushi*, ponemos una hoja de alga nori, nos mojamos las manos para que no se nos pegue y vamos poniendo el arroz encima del alga, una capa fina;

INGREDIENTES

300 g de arroz blanco
aguacate
pepino (opcional)
zanahoria (opcional)
pimiento rojo (opcional)
3 algas nori
20 ml de vinagre de arroz
350 ml de agua
sésamo
salsa de soja
"wasabi"

hay que dejar un par de centímetros sin cubrir en un extremo. Ponemos el relleno en el centro, en este caso el aguacate; podemos usar también pepino, zanahoria, pimiento rojo, etc., cortados en tiras finas. Enrollamos dando forma cilíndrica.

Para cortarlo, necesitaremos un cuchillo muy bien afilado y mojaremos la parte afilada para que el corte sea más limpio. Ponemos un poquito de sésamo encima de cada rollito.

Repetimos la operación dos veces más, hasta terminar los ingredientes.

Servimos con salsa de soja y *wasabi*.

Si no conocemos algunos de los ingredientes o utensilios, los encontraremos en tiendas asiáticas.

JUEVES
PASTEL DE VERDURAS

En primer lugar, hacemos un puré de patatas; para ello, cocemos las patatas sin piel y en trozos durante 25 minutos, que estén blandas. Cuando falten 5 minutos para el final de la cocción, agregamos la manzana pelada en dados.

Mientras, ponemos en una sartén con un chorrito de aceite la cebolla, el ajo y el puerro, picados en tiras muy finas, el brócoli, las setas y el calabacín, todo muy muy picado, y al final agregamos una pizca de cúrcuma.

Transcurrido el tiempo de cocción de las patatas, retiramos del fuego, escurrimos y con el tenedor aplastamos las patatas y la manzana haciendo un puré; podemos añadirle un chorro de aceite de oliva y otro de leche de almendras, sal y pimienta, pero debe quedar denso para que no se nos deshaga al hornear.

En un recipiente para horno, ponemos una capa fina del puré de patata, otra capa fina con las verduras que hemos salteado, otra capa fina de puré de patata, otra de verduras y una última de puré; podemos completar con un poquito de salsa de tomate por encima, muy poca.

Ponemos en el horno 30 minutos a 180 °C grados.

Podemos servir este pastel acompañado con ensalada de repollo y zanahoria, cortados muy finos.

INGREDIENTES

- 6-7 patatas medianas
- 1 manzana
- leche de almendras
- 1 cebolla mediana
- 2 dientes de ajo
- ½ puerro
- 100 g de brócoli
- 1 calabacín
- 12 setas o champiñones
- salsa de tomate
- cúrcuma
- aceite de oliva
- pimienta
- sal

SEMANA N.º4 *día 25*

CENA

JUEVES *RATATOUILLE* Y CREMA DE ZANAHORIA

Limpiamos muy bien todas las verduras y cortamos las berenjenas, el calabacín, el tomate y el pimiento rojo en rodajas de aproximadamente ½ cm. Untamos ligeramente una fuente para horno con aceite de oliva virgen extra y colocamos las verduras a la manera tradicional de la *ratatouille* (como en la fotografía de la receta). Seguidamente, las rociamos con un chorrito de aceite, salpimentamos y espolvoreamos el orégano. Horneamos durante 20 o 25 minutos a 180 °C. Podemos aliñarla con zumo de limón y perejil o cebollino.

Para preparar la crema, pelamos las zanahorias, la cebolla y el puerro y lavamos este último; los cortamos en trozos medianos y cocemos con el litro de agua a fuego medio durante 25 minutos. Transcurrido este tiempo, incorporamos el comino y sal al gusto y batimos hasta que quede una crema ligera; quizás tengamos que agregar más agua. Servimos y completamos con las lentejas cocidas encima de la crema.

PARA LA RATATOUILLE

2 berenjenas
2 calabacines
1 pimiento rojo
1 tomate maduro
orégano
perejil o cebollino
zumo de limón
aceite de oliva virgen extra
pimienta
sal

PARA LA CREMA DE ZANAHORIA

6 zanahorias medianas
4 cucharadas de lentejas cocidas
1/2 cebolla
1/2 puerro
1 cucharadita de comino
1 l de agua
sal

VIERNES
CALABACINES RELLENOS DE VERDURAS Y TOFU

Lavamos los calabacines y los partimos en dos mitades longitudinalmente. Seguidamente, los vaciamos y picamos muy bien su pulpa. Lavamos y cortamos muy finos los pimientos; la cebolla, en tiras; el tomate, lo pelamos y lo troceamos en cuadraditos. Disponemos los calabacines en una bandeja para horno y los rellenamos con todos estos ingredientes.
Con la ayuda de un tenedor, aplastamos y desmigamos el tofu, y lo ponemos encima de los calabacines. Rociamos los calabacines con un chorrito de aceite, los espolvoreamos con pimienta negra y salamos.
Horneamos durante 30 minutos a 180 °C.
Completamos el plato con el perejil fresco, las aceitunas deshuesadas cortadas en rodajas y nueces picadas.

INGREDIENTES

4 calabacines grandes
200 g de tofu
1 pimiento rojo
1 pimiento verde
1 cebolla morada
1 tomate maduro
12 aceitunas
8 nueces
perejil
aceite de oliva virgen extra
pimienta negra
sal

SEMANA N.º4 *día 26*

CENA

4

VIERNES ENSALADILLA RUSA

Pelamos las patatas y las cortamos en trozos medianos. Pelamos las zanahorias y las cortamos en trocitos pequeños. Si los guisantes son frescos, los separamos de las vainas. Lo cocemos todo durante 25 minutos, hasta que podamos pinchar fácilmente con el tenedor los trozos de patata. Pasado este tiempo, escurrimos muy bien y lo transferimos a una ensaladera. Agregamos los pimientos asados en trozos pequeños, el maíz (puede ser en conserva) y las aceitunas. Para terminar, ponemos la veganesa, mezclamos muy bien y guardamos en la nevera. La servimos fría con colines de pan o similares.

Para preparar la veganesa, ponemos en el vaso de la batidora todos los ingredientes, mejor que la leche no esté fría. Batimos desde el fondo, a baja velocidad, y muy lentamente vamos subiendo, hasta que esté ligada. Si nos queda algo líquida, podemos agregar más aceite.

INGREDIENTES

4 patatas grandes
3 zanahorias
20 aceitunas
40 g de guisantes
40 g de maíz
50 g de pimientos asados

PARA LA VEGANESA (MAYONESA VEGANA)

200 ml de aceite de oliva o aceite de girasol sin refinar
80 ml de leche de soja
1/2 diente de ajo (opcional)
el zumo de 1/2 limón
1 pizca de sal

SÁBADO

ALBÓNDIGAS DE GARBANZOS Y ESPINACAS

INGREDIENTES

240 g de garbanzos cocidos
100 g de espinacas
½ cebolla mediana
1 zanahoria grande
½ pimiento verde
8 cucharadas de semillas de lino
10 almendras
leche vegetal
pan rallado
1 cucharadita de cúrcuma o pimentón
aceite de oliva virgen extra
sal

PARA LA SALSA DE TOMATE

4 tomates maduros
½ cebolla mediana
½ pimiento rojo
aceite de oliva virgen extra
pimienta
sal

Limpiamos y cocemos las espinacas durante 5 o 6 minutos; después, las escurrimos muy bien y las disponemos en un bol.
En una sartén con dos cucharadas de aceite de oliva virgen extra, rehogamos el pimiento y la cebolla cortados en tiras finas y la zanahoria rallada. Cuando estén dorados, ponemos la cúrcuma o el pimentón, removemos un par de veces y lo transferimos al bol con las espinacas.
Seguidamente, agregamos los garbanzos cocidos y escurridos, las semillas de lino, las almendras bien molidas y una pizca de sal. Mezclamos muy bien y lo pasamos por la batidora ligeramente, que no quede un puré sino con trozos de los ingredientes. Debe ser una masa contundente.
Dejamos reposar 1 hora en el frigorífico.
Precalentamos el horno a 180 °C.
Mientras, damos forma a las albóndigas.
Para rebozarlas, las pasamos por leche vegetal y, después, por pan rallado. Horneamos unos 20 minutos. También las podemos hacer fritas, pero sin abusar del aceite.
Para la salsa, pelamos los tomates, los troceamos y los disponemos en una sartén con un chorrito de aceite de oliva virgen extra.
Seguidamente, incorporamos el pimiento rojo y la cebolla muy picados, salpimentamos y rehogamos unos 10 minutos. Podemos utilizarla así o pasarla por la batidora.

SEMANA N.º4 *día 27*

CENA

SÁBADO PATÉS VEGETALES Y ENSALADA DE *KALE*

PARA EL BABA GHANNUJ

1 berenjena grande
2 dientes de ajo
½ cebolla
1 cucharadita de comino
zumo de limón
aceite de oliva virgen extra
sal

Para la elaboración del *baba ghannuj*: cortamos la berenjena y la cebolla en trozos pequeños. Las horneamos a 180 °C durante 20 o 25 minutos con un chorrito de aceite. Transcurrido este tiempo, transferimos a un bol y agregamos el ajo, el comino, la sal y un chorrito de limón y batimos. Si queda muy denso podemos incorporar agua.

Para la elaboración del paté de olivas: deshuesamos las aceitunas y las disponemos en un bol. Seguidamente, agregamos el orégano, una pizca de pimienta en polvo y un chorrito de aceite de oliva. Batimos hasta obtener una crema suave.

Para la elaboración del paté de setas: en una sartén con aceite, ponemos la cebolla y el ajo picados y lo doramos durante 5 minutos. Transcurrido este tiempo, agregamos las setas troceadas y cocemos 5 minutos más. Seguidamente, lo transferimos al vaso de la batidora, agregamos el sésamo, una pizca de pimienta negra y la sal, y batimos.

Podemos tomar estos patés sobre rebanadas de pan tostado o con palitos crudos de zanahoria y apio.

Para preparar la ensalada, cortamos la *kale* muy fina, pelamos y cortamos la naranja en trozos medianos, y lo disponemos todo en una ensaladera junto con los piñones. Aliñamos con aceite de oliva y sal.

PARA EL PATÉ DE OLIVAS

100 g de aceitunas
(la variedad que nos guste)
1 cucharada de orégano
(mejor si es fresco)
pimienta negra
aceite de oliva
virgen extra

PARA EL PATÉ DE SETAS

100 g de setas
1/2 cebolla mediana
2 cucharadas de sésamo
1 diente de ajo
2 cucharadas de
aceite de oliva
pimienta negra
sal

PARA LA ENSALADA

100 g de col "kale"
2 cucharadas de piñones
1 naranja
aceite de oliva
virgen extra
sal

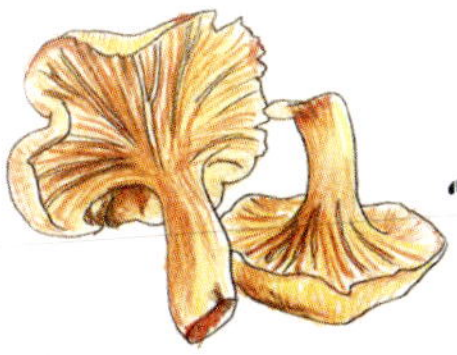

DOMINGO
TACOS DE SEITÁN Y *HUMMUS*

Cortamos el seitán, el brócoli, las setas y la cebolla en trozos pequeños, y el pimiento rojo en tiras. Lo disponemos todo en una sartén con un chorro del aceite y rehogamos durante 7 u 8 minutos, hasta que los ingredientes estén dorados. En el último momento, ponemos el pimentón y la sal, removemos y retiramos del fuego. Calentamos las tortillas mexicanas el tiempo que indiquen las instrucciones del fabricante y las rellenamos con el contenido de la sartén.
Para el *hummus*, ponemos los garbanzos, la tahina, el zumo de limón, el ajo, el comino y una pizca de sal en el vaso de la batidora. Batimos vertiendo agua poco a poco hasta obtener la textura deseada, que quede cremoso.
Servimos y decoramos con pimentón, un chorrito de aceite y cilantro.

PARA LOS TACOS

8 tortillas mexicanas grandes
200 g de seitán
50 g de brócoli
8 setas
1 cebolla mediana
1 pimiento rojo
pimentón picante
aceite de oliva virgen extra
sal

PARA EL *HUMMUS*

200 g de garbanzos cocidos
1 cucharada de tahina
el zumo de 1/2 limón
1 diente de ajo
1/2 cucharadita de comino en polvo
cilantro
aceite de oliva virgen extra
pimentón
sal

DOMINGO
SOPA DE CEBOLLA Y TORTILLA DE PATATAS

En una sartén, ponemos el aceite de oliva, la cebolla cortada en rodajas finas, el ajo en láminas y el puerro picado, y lo sofreímos entre 8 y 10 minutos. A continuación, cubrimos con agua, salpimentamos y cocemos durante 20 minutos. Mientras, en el vaso de la batidora picamos el pan, incorporamos caldo del que está cociendo, batimos bien y agregamos a la olla.
Podemos servir la sopa espolvoreada con perejil picado.

Para la tortilla, freímos las patatas cortadas en rodajas y la cebolla muy picada hasta que estén hechas, unos 15 o 18 minutos, a fuego medio.
También podemos hacer una versión más ligera sin freír las patatas y la cebolla, sino cociéndolas en agua.
Una vez hechas, las escurrimos muy bien, del aceite o del agua, transferimos a un bol y salamos.
En un tazón, batimos bien la harina de garbanzos y el agua; obtendremos una textura muy similar al huevo. Una vez batido todo, lo agregamos al bol de las patatas junto con el zumo de limón para reducir el sabor a garbanzo y volvemos a mezclar.
Ponemos la preparación en una sartén con una cucharada de aceite de oliva. Cuando esté caliente, damos forma de tortilla y vamos cociendo 5 minutos por cada lado; al principio a fuego fuerte y, después, a fuego medio. Esta tortilla no es como la de huevo; quizás tengamos que dar varias vueltas hasta que esté hecha.

PARA LA SOPA

2 cebollas medianas
1/2 puerro
2 dientes de ajo
1/2 rebanada de pan
perejil picado
2 cucharadas
de aceite de oliva
pimienta negra
sal

PARA LA TORTILLA

4 patatas grandes
1/2 cebolla mediana
14 cucharadas rasas
de harina de garbanzos
14 cucharadas de agua
el zumo de 1/2 limón
aceite de oliva
virgen extra
sal

A

B

C

J

K

L

M

N

O

P

Appleby, P. N.; Key, T. J.
The long-term health of vegetarians and vegans. The Proceedings of the Nutrition Society, 2016.

Ascencio, Claudia.
Fisiología de la nutrición. McGraw-Hill, 2012.

Bello Gutiérrez, José.
Ciencia bromatológica, principios generales de los alimentos. Díaz de Santos, 2000.

Castro del Pozo, S.
Manual de patología general: etiología, fisiopatología, semiología, síndromes. Masson S. A., 2006.

Cervera, Cala.
La nutrición ortomolecular. Robinbook, 2014.

Cervera, Pilar.
Alimentación y dietoterapia. McGraw-Hill, 2004.

Chicharro, J. L.; Vaquero, A. F.
Fisiología del ejercicio. Editorial Médica Panamericana, 2006.

Craig, W. J.; Mangels, A. R.
ADA position: Vegetarian Diets. Journal of the American Dietetic Association, 2009.

Dilts, Robert.
Coaching: herramientas para el cambio. Urano, 2004.

Enders, Giulia.
La digestión es la cuestión. Urano, 2015.

Erdman, John W.
Nutrición y dieta en la prevención de enfermedades. McGraw-Hill, 2014.

García Jalón, Isabel.
Nutrición aplicada y dietoterapia. Eunsa, 2004.

Gil, A.
Tratado de nutrición. Editorial Médica Panamericana, 2010.

Greger, M.; Stone, G.
Comer para no morir: descubre los alimentos científicamente probados que previenen y curan enfermedades. Paidós Ibérica, 2016.

Hernández Ramos, Felipe.
Comer sí da la felicidad. Integral, 2009.

Huffman, Melinda.
Health Coaching: A Fresh, New Approach to Improve Quality Outcomes and Compliance for Patients with Chronic Conditions. Home Healthcare Nurse, 2009.

Jacoby, Richard.
Açúcar, o pior inimigo. Vogais, 2015.

Jargin, S. V.
Phytoestrogens and the other botanicals: on the problems of evidence-based evaluation. Recent Pat Cardiovasc Drug Discov, 2014.

Jason, Michael.
La revolución de las vitaminas. Sirio, 1997.

Katz, David.
Nutrición médica. Wolters Kluwer, 2015.

Littlehales, Nick.
Dormir. Planeta, 2016.

Luis, Daniel Antonio de.
Dietoterapia, nutrición clínica y metabolismo. Díaz de Santos, 2015.

Martínez, Alfredo.
Fundamentos teórico-prácticos de nutrición y dietética. McGraw-Hill, 1998.

Martínez, J. R.; Villarino, A.; Iglesias, C., Arpe, C. de; Gómez, C.
Recomendaciones de alimentación para la población española. Nutrición Clínica y Dietética Hospitalaria, 2010.

Martínez, Javier.
Nutrición y dietética. Síntesis, 2014.

Mataix, J.
Nutrición y alimentación humana. Ergon, 2009.

Molins, J.
Coaching y salud. Pacientes y médicos: una nueva actitud. Plataforma, 2010.

Ordovás, José María.
La nueva ciencia del bienestar. Drakontos, 2013.

Requejo, A. M.; Ortega, R. M.
Nutriguía. Manual de nutrición clínica en atención primaria. Complutense, 2010.

Riella, Miguel.
Nutrición y riñón. Panamericana, 2003.

Rodota, Liliana.
Nutrición clínica y dietoterapia. Panamericana, 2012.

Ross, Catharine.
Nutrición en la salud y la enfermedad. Wolters Kluwer, 2014.

Salas, J.
Nutrición y dietética clínica. Masson, 2014.

Soriano, José Miguel.
Nutrición básica humana. Universitat de València, 2006.

Téllez, María Elena.
Nutrición clínica. Manual Moderno, 2014.

Thibodeau, G. A.; Patton, K. T.
Anatomía y fisiología. Elsevier, 2005.

Veiga Herreros, Pablo; Martínez Roldán, Cristina.
Manual teórico-práctico de nutrición y alimentación. Bellisco, 2015.

VV. AA.
Alimentación y nutrición: manual teórico-práctico. Díaz de Santos, 2014.

VV. AA.
Nutrición en la práctica clínica. Wolters Kluwer, 2012.

Av. Diagonal, 662-664, 08034 Barcelona
www.editorial.planeta.es
www.planetadelibros.com

Realización y coordinación editorial: Zahorí de Ideas
Diseño y maquetación: Céline Robert
Estilismo y cocina: Amanda Laporte

Primera edición: abril de 2018
Depósito legal: B. 6.080-2018
ISBN: 978-84-08-18475-1
Preimpresión: Safekat, S. L.
Impresión: Estella
Printed in Spain – Impreso en España

El papel utilizado para la impresión de este libro es cien por cien libre de cloro y
está calificado como **papel ecológico**